간단하게 만들어 호화롭게 즐기는 아웃도어 삼시세끼

캠핑 가서 뭐 먹지?

이아소

CONTENTS

introduction
- 주방의 필수 7가지 도구는 이것! ········ 004
- 최적의 주방 세팅 ········ 006
- 출발 전에 해야 할 것 ········ 008

STEP 1
초간단 스피드 요리 ········ 010

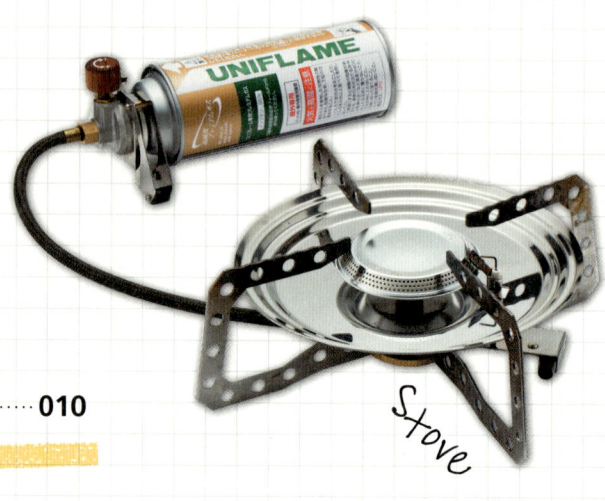
Stove

STEP 2
스킬렛 레시피 ········ 028

Skillet

How to use
- 간단 캠핑 주방에 빼놓을 수 없는 도구 ········ 012
- 스킬렛 사용법과 특징 ········ 030
- 더치오븐 사용법과 특징 ········ 052
- 그릴 사용법과 특징 ········ 084

STEP 3
더치오븐 레시피 ········· 050

Dutch oven

STEP 4
바비큐 레시피 ········· 082

Barbecue

+α technique

8종 만능 소스 레시피	100
함께 즐기고 싶은 칵테일	102
허브 & 향신료	104
불 피우기의 달인이 되자	106
캠핑 요리 철칙	111

Catalog

스토브 카탈로그	026
스킬렛 카탈로그	049
더치오븐 카탈로그	080
그릴 카탈로그	099
장비 카탈로그	108

주방의 필수 7가지 도구는 이것!

캠핑족에게 사랑받는 다음의 7가지 도구만 있으면
아웃도어 요리를 한층 야성적이고 분위기 있게 완성할 수 있다.

축열성, 열전도성 탁월.
어떤 요리든 척척 해내는 만능 도구

더치오븐 & 스킬렛

아웃도어에서 더치오븐과 스킬렛은 늘 변함없는 인기를 끌고 있다. 알루미늄이나 스테인리스에 비해 계절과 습도, 바람의 영향 등 환경 변화에도 기능이 저하되지 않고 항상 묵묵히 멋진 요리를 만들어주기 때문이다. 장작과 숯불에서도 요리가 편리하고 음식에 열을 고루 전달한다.

2개의 화구를 이용해
요리를 재빨리, 효율적으로

투 버너

조용히 캠핑 요리의 주역으로 활약하는 투 버너. 화구가 2개면 빠른 시간 안에 요리를 할 수 있다. 효율적으로 요리할 때 특히 유용하다. 집을 떠나 낯설고 거친 야외에서 맛있는 요리를 만들기 위해 없어서는 안 될 도구.

바비큐 타입에 맞춰
선택하자

바비큐 그릴

캠핑을 즐기지 않는 사람이라도 누구나 좋아하는 것이 바로 바비큐. 그릴에 고기와 야채를 굽는 것 외에도 뚜껑까지 활용하여 식재료를 로스트하거나 열로 익힐 수 있다. 이로써 바비큐 요리의 폭이 한층 넓어지고 캠핑의 즐거움도 커진다.

커피 외에도
바로 물을 데울 수 있어서 편리

퍼컬레이터

기본적으로 커피를 내리는 용도이지만 효율적으로 물을 데워 사용할 수 있어 조리하는 데도 매우 편리하다. 특히 날씨가 추운 계절에는 옷, 먹을 것, 음료 등을 따뜻하게 유지하는 데 도움이 된다. 야외에서는 뜨거운 물의 고마움이 새삼 절실하다.

불가에서 몸을 녹이고,
요리할 때도 필수

화로대

불은 사람의 마음을 풍성하게 해주는 묘한 힘이 있다. 그래서인지 화롯불을 즐기기 위해 캠핑을 나간다는 사람도 의외로 많다. 다양한 브랜드의 제품이 있으므로 구입 시 전문 판매원이나 주변 사람에게 꼼꼼하게 조언을 구하는 것이 좋다.

여름, 겨울 모두 전천후 활약.
하나는 꼭 있어야 할 도구

보온 보냉 포트

뜨거운 여름철에는 아무리 쿨러가 있어도 차가운 음료의 상태를 그대로 유지하기가 어렵다. 반면 추운 겨울에는 뜨거운 물이 한층 유용한 법. 어떤 환경에서든 온도를 그대로 유지시켜주는 포트는 유용한 필수품이다.

식재료의 신선도를 유지시켜주는
고마운 친구

쿨러

사이즈가 너무 큰 것을 고르면 무겁고 자리를 많이 차지할 뿐만 아니라 이동에도 애를 먹는다. 최대 40~50ℓ의 하드 쿨러와 소프트 쿨러 하나씩 준비하는 것이 가장 좋다. 또한 자꾸 여닫으면 보냉력이 떨어지므로 식재료와 마실 것 등을 나눠놓으면 효율성이 한층 높아진다.

최적의 주방세팅

주방 기구와 향신료, 말린 허브 등은 패드가 들어간 케이스에 종류별로 나누어 넣어둔다. 부피가 큰 양념 케이스는 스테인리스로 만들어진 다소 깊이가 있는 사각 용기에 일괄 정리한다. 분리되는 타입의 큰 도마는 이동 시엔 토트백에 보관한다.

물건을 꺼내고 넣을 때마다 일일이 허리를 굽히다 보면 몸에 부담을 주므로 쿨러는 가급적 위에 올려놓는다. 움직임이 한결 편해질 것이다.

토트백은 식재료와 도구를 옮기고, 캠핑장에서는 쓰레기통으로 활용할 수 있다. 집에서 미리 식재료를 나누어 정리해 오면 쓰레기가 줄고 따로 정리하는 시간과 수고를 줄일 수 있다.

서서 요리할 때 편리한 85cm 높이의 스테인리스 조리대. 테이블 아래에 튼튼한 선반 레그(다리)가 있으면 식재료와 주방 도구 등을 놓고 사용하기 편리하다.

많은 인원이 함께하는 캠핑이나 다양한 요리를 만들 때의 풀 세팅을 소개한다.
요즘에는 이 같은 스타일이 가장 편리한 것으로 굳어지는 추세다. 캠핑에서 주방을 연출할 때 참고해보자.

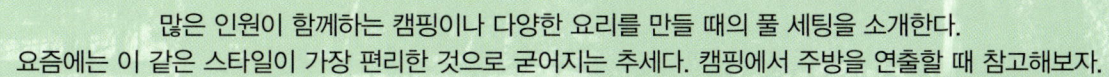

높이 69cm의 테이블에는 투 버너를 놓는다. 깨끗한 스테인리스 철판은 때도 쉽게 제거되고, 무겁거나 뜨거운 물건도 얼마든지 올려놓을 수 있다. 식사용 테이블로도 활용하기에 좋은 높이다.

무거운 더치오븐과 냄비 등을 올려놓으려면 다리가 튼튼한 것이 좋다. 물건은 가급적 바닥에 내려놓지 말고 선반에 올려놓도록 한다.

화로대의 사이드 테이블로도 대활약하는 낮은 테이블. 스테인리스 소재라 불씨가 튀거나 더치오븐을 올려놓아도 전혀 문제가 없다. 요리할 때는 물통과 주전자를 놓는 용도로도 사용할 수 있다.

캠핑을 즐기고 쾌적하게!

출발 전에 해야 할 것

식재료 준비와 정리는 전날 미리 해두는 것이 좋다. 모처럼 캠핑을 왔는데 준비하느라 허둥지둥 시간을 보내지 않도록 하자. 쓰레기도 한층 줄일 수 있다.

식재료 관리 요령!

여행지에서 구입하거나, 산지의 명산물을 사서 캠핑을 하는 것도 좋지만 현지에서 충분히 시간을 즐기려면 밑준비를 해두는 것이 좋다.

짐을 줄이고 간편하게 이동하기 위해 작은 용기에 덜어둔다

올리브오일이나 간장 등은 제조사마다 크기가 제각각이다. 다른 도구에 비해 이것들은 가지고 다니기가 무척 불편하다. 편의성을 높이려면 같은 크기의 용기로 통일하여 따로 담아두는 것이 좋다. 가지런히 놓인 양념통만 봐도 캠퍼가 얼마나 경지에 올랐는지 수준을 가늠할 수 있다.

손이 많이 가는 재료나 쓰레기가 많이 나오는 것은 미리 정리해둘 것

마트에서 판매하는 식재료는 대부분 용기에 담겨 있다. 식재료를 꺼내면 용기는 쓰레기가 되는데, 이것을 정리하는 것이 야외에선 의외로 힘들고 귀찮다. 미리 구입하여 정리해서 용기에 넣어두면 당일 한결 수월하다.

캠핑 뒤 쿨러 안을 깨끗이 비워오는 것이 캠핑 달인의 요령

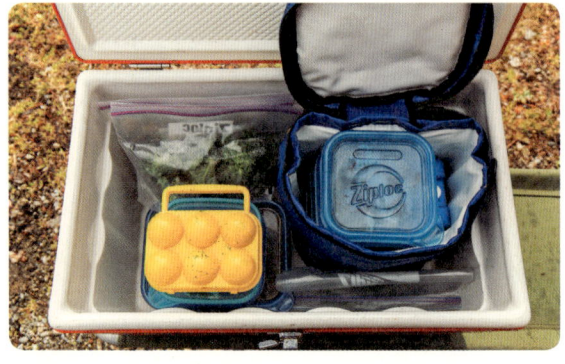

식재료를 비닐 팩이나 용기에 정리해서 쿨러에 차곡차곡 넣는다. 이렇게 운반하면 흐트러짐도 적고 공간에 여유도 생긴다. 날씨가 무더운 여름, 생선이나 고기를 보냉할 고성능 하드 쿨러가 없는 경우에는 왼쪽 사진처럼 '쿨러 in 쿨러' 방식을 활용하는 것도 좋은 아이디어다. 기본적으로는 하드 쿨러 안에 소프트 쿨러를 넣고 그 안에 보냉제와 얼음, 차갑게 한 맥주 등을 넣어둔다. 이렇게 하면 보냉력이 높아져 찬 기운이 한층 오래 유지된다.

밑준비는 **전날 해둘 것**

식재료는 전날 밑준비를 해두면 맛이 한층 잘 배어들어 캠핑 당일 시간 절약은 물론 요리의 깊은 맛도 즐길 수 있다.

 **촉촉한 치킨티카의 마리네소스** (P.90)

 **생강데리야키 포크립의 마리네소스** (P.90)

Step 1
뚜껑이 있는 용기에 카레가루(30g), 다진 생강, 다진 마늘(각각 1작은술), 간장(1큰술), 요구르트(100g)를 넣고 잘 섞어 마리네소스를 만든다.

Step 1
얇게 저민 생강(20g)과 기본 데리야키소스(※P.100 참조)를 작은 볼에 넣어 섞어 마리네소스를 만든다.

Step 2
닭다리살 2조각(약 500~600g)을 다소 큼직하게 잘라 소금, 통후추를 뿌린다. 잘 섞어둔 마리네소스에 양쪽 면을 충분히 묻힌다.

Step 2
지퍼백에 돼지갈비(4조각)를 넣고 마리네소스를 부어 잘 섞어준다.

Step 3
소스를 묻힌 닭다리살을 용기에 가지런히 놓고 뚜껑을 닫아 냉장고에 둔다. 전날 집에서 만들어두면 고기가 한층 부드러워진다.

Step 3
지퍼 부분을 단단히 닫아 냉장고에 넣어둔다. 전날 집에서 만들어두면 양념이 깊숙이 배어들어 감칠맛이 난다.

STEP 1

초간단 스피드 요리

불을 사용하지 않고 만들 수 있는 샐러드와 전채요리, 작은 냄비에 볶아 바로 완성하는 술안주 등
가볍게 먹고 싶을 때 단시간에 후다닥 만들 수 있는 간단 레시피 모음.

1. 참치 오이 샐러드 ········· 014
2. 햄과 무순 샐러드 ········· 014
3. 어린잎채소와 달걀 샐러드 ········· 015
4. 아삭아삭 배추 샐러드 ········· 015
5. 입안 얼얼 양배추와 관자 샐러드 ········· 016
6. 닭가슴살과 아보카도 샐러드 ········· 016
7. 물냉이 생햄말이 ········· 017

8	시푸드 믹스 펜네	018
9	베이컨과 새송이버섯 버터 소테	019
10	주키니 소시지 소테	019
11	닭다리살과 해송이버섯 볶음	020
12	새우 브로콜리 오일 조림	020
13	중화풍 시푸드와 브로콜리 볶음	021
14	알록달록 고추잡채	021
15	콘비프와 팽이버섯 치즈 카나페	022
16	게살과 양파 카나페	022
17	앤초비와 토마토 브루스케타	023
18	정어리통조림과 레몬 브루스케타	023
19	간단 굴 오일 절임	024
20	라이트 스모크 카르파초	024

DESSERT

| 21 | 어른들을 위한 프루츠 펀치 | 025 |
| 22 | 포슬포슬 고구마 | 025 |

OUTDOOR GEAR

간단 캠핑 주방에 빼놓을 수 없는 도구

원 버너와 투 버너. 등산이나 여행 가방에 챙겨가는 경량 콤팩트 사이즈부터
캠핑에서 활약하는 제품까지 다양한 종류가 있다.

휴대성이 뛰어난 초소형
원 버너

버너 헤드
많은 구멍에서 불꽃이 나와 안정적으로 불을 피워준다.

그릇 받침대
냄비나 주전자를 올려놓는 장치. 안정감이 있는 네 발 타입이 좋다.

화력 조절 밸브
밸브를 돌려 화력을 조절한다.

오토 이그나이터
점화 스위치를 말한다. '탁' 하고 눌러 점화시킨다.

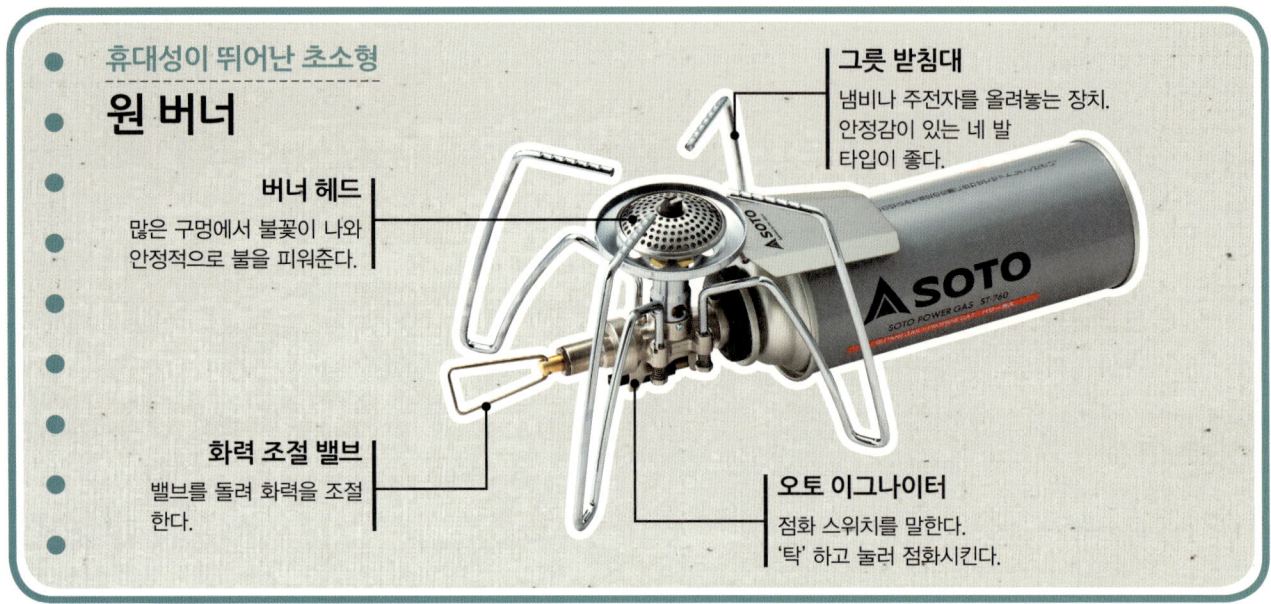

2개의 화구로 효율적으로 요리한다
가솔린 투 버너

바람막이
조리를 방해하는 바람을 막아주는 역할을 한다.

덮개(상판)
튼튼해서 무거운 더치오븐도 올려놓을 수 있다.

서브 버너
화구가 작으므로 은근하게 조리는 요리에 사용한다.

메인 버너
약 3650kcal의 화력을 내며, 바람에도 강하고 안정감이 있다.

연료 탱크
약 1.6ℓ의 화이트 가솔린이 들어간다.

펌프
압력을 가해 액체를 기화시키는 역할을 한다.

화력 조절 밸브
밸브를 돌려 화력 조절을 하는 부분.

원 버너 사용 시 주의할 점

가스통을 버너 본체에 이어 화력 조절 밸브를 돌려 점화하면 간단하게 사용할 수 있다. 그러나 이로 인한 사고가 종종 발생하므로 주의가 필요하다.

막대식 연료 연결 방법

가정에서 흔히 사용하는 휴대용 가스버너와 연결법이 기본적으로 같지만, 좀 더 수동이며 확실하게 연결해야 한다. 가스통 끝의 꼭지를 버너에 끼워 비틀어 고정한다.

나사식 연료 연결 방법

볼트와 너트 같은 접합 방법으로 큰 힘을 들이지 않고 자연스럽게 돌려 넣으면 된다. 버너 본체 쪽은 가만히 둔 채 가스통을 가볍게 돌려 넣도록 한다. 마지막에는 꽉 힘을 주어 고정한다. 살짝 가스가 샐 수 있으므로 화기에서 떨어져 작업한다.

POINT

연료를 연결하기 전에 반드시 확인할 것

화력 조절 밸브가 닫혀 있는지 확인한 뒤 연료를 연결한다. 밸브가 열려 있으면 거세게 가스가 분출하여 사고로 이어질 수 있으므로 주의!

음료나 간단한 술안주 등 가볍게 불을 써서 요리할 때 편리한 원 버너. 장소에 구애받지 않고 쉽게 불을 붙여 바로 조리할 수 있다. 모닝커피는 원 버너를 사용하면 간편하게 내릴 수 있다.

투 버너 사용법

추울 때도 화력이 떨어지지 않고 안정적으로 기능한다. 가솔린 버너 핵심 사용법을 알아보자.

화구가 2개라 파스타를 삶으면서 재료를 볶는 등 얼마든지 내 집 주방에서처럼 조리할 수 있다. 사용할수록 그 편리함에 빠져들게 된다.

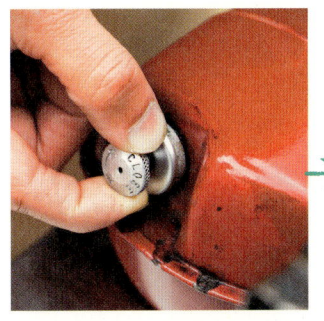 → 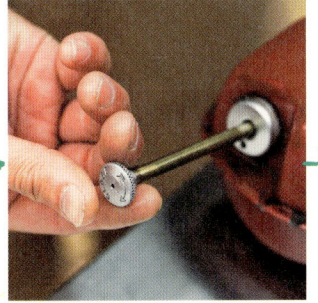 →  →

탱크에 화이트 가솔린을 80퍼센트가량 채운다(가득 채우지 말 것). 그런 다음 펌프 꼭지를 시계 반대 방향으로 2~3회 정도 풀어준다.

펌프 손잡이 끝의 공기구멍을 엄지손가락으로 눌러주면서 좌우로 펌핑한다. 조금 힘이 들어갈 정도로 움직임이 빡빡해질 때까지 약 60회가량 반복한다.

화력 조절 밸브에 있는 점화 레버를 위로 돌리면 점화가 된다(탱크 위 스티커에 설명서가 있으므로 잘 읽어볼 것).

화력 조절 밸브를 살짝 열고 가스를 내서 점화. 빨간 불꽃이 버너를 데우고(예열), 따뜻해지면 화력이 센 푸른 불꽃이 된다.

※STEP 1의 쟁반 위 재료는 양념을 제외한 주재료다.

1 와인비니거의 신맛이 입맛을 자극

참치 오이 샐러드

[재료] (2인분)

오이 ························· 2개
방울토마토 ················ 8개
참치 캔 ····················· 1개
와인비니거(식초로도 가능)
   ··························· 1큰술
소금 ···················· 1/2작은술
검은 통후추 ············ 적당량

⏱ 5분
🍴 불 필요 없음

① 오이는 마구썰기한다. 방울토마토는 꼭지를 떼서 반으로 자른다.

② 볼에 참치 캔(가능하면 기름째), 방울토마토를 넣고 와인비니거와 소금을 넣어 잘 섞는다.

③ 여기에 준비한 오이를 넣어 섞고 마지막에 통후추를 갈아 뿌려준다.

2 은은한 후추 향이 식욕을 자극한다

햄과 무순 샐러드

[재료] (2인분)

로스햄 ······················ 5장
무순 ···················· 1묶음
마요네즈 ··················· 1큰술
와인비니거(식초로도 가능)
   ··························· 1큰술
검은 통후추 ··········· 1작은술

⏱ 5분
🍴 불 필요 없음

① 로스햄은 채를 썰고, 무순은 2~3cm 길이로 자른다. 그릇에 무순, 로스햄의 순으로 담는다.

② 작은 볼에 마요네즈와 와인비니거를 넣어 잘 섞은 뒤 샐러드에 뿌린다.

③ 검은 통후추를 갈아 뿌리면 완성.

014

 싱싱한 어린잎채소와 달걀이 어우러진 건강한 아침!

어린잎채소와 달걀 샐러드

[재료] (2인분)

어린잎채소 ················ 1봉지
분말 치즈 ················· 1큰술
삶은 달걀 ················· 1개

STEP 1 초간단 스피드 요리

1. 어린잎채소를 그릇에 담고 분말 치즈를 뿌려 가볍게 섞는다(어린잎채소를 먼저 씻어서 물기를 빼둘 것).
2. 삶은 달걀을 흰자와 노른자로 나눈다. 흰자를 잘게 썰어 어린잎채소 위에 얹는다.
3. 달걀노른자를 손으로 잘게 부수어 ❷ 위에 얹는다.

 아삭아삭한 식감으로 더 맛있다

아삭아삭 배추 샐러드

[재료] (2인분)

배춧잎 ···················· 1줌
베이컨 ···················· 100g
참기름 ···················· 1작은술
요구르트 마요네즈소스(P.101 참조) ············· 적당량
검은 통후추 ············ 적당량

1. 배춧잎은 얇게 썬다. 베이컨은 1cm 폭으로 자른다.
2. 프라이팬에 베이컨과 참기름을 넣고 중불에서 베이컨이 바삭한 상태가 될 때까지 볶는다.
3. 그릇에 배추를 담고 ❷의 베이컨을 얹는다. 마무리로 요구르트 마요네즈소스와 통후추를 뿌린다.

015

🍳 5 고추기름 양념이 관자의 맛을 돋운다

입안 얼얼 양배추와 관자 샐러드

[재료] (2인분)

양배추(작은 것) ·········· 1/8개
관자 통조림 ················ 1개
고추기름 ············· 1~2큰술

⏱ 5분
🍴 불 필요 없음

① 양배추를 먹기 좋은 크기로 잘라 그릇에 담는다.
② 관자 캔을 국물째 넣어 전체적으로 잘 섞는다.
③ 고추기름을 뿌리면 완성.

🍳 6 친숙하고 순한 맛으로 여성들에게 인기 No. 1

닭가슴살과 아보카도 샐러드

[재료] (2인분)

방울토마토 ················ 4개
아보카도 ···················· 1개
닭가슴살 통조림 ·········· 1개
마요네즈 ··············· 적당량
검은 통후추 ············ 적당량

⏱ 5분
🍴 불 필요 없음

① 방울토마토는 꼭지를 떼어 반으로 자른다. 아보카도는 세로로 반을 잘라 씨를 빼내고 껍질을 벗긴 뒤 먹기 좋은 크기로 자른다.
② 닭가슴살에 마요네즈, 통후추를 뿌려서 잘 섞는다.
③ 그릇에 아보카도를 담고 위에 방울토마토를 장식한다. 마지막으로 ❷를 얹는다.

7 톡 쏘는 크레송의 맛을 제대로 즐긴다
물냉이 생햄말이

[재료] (4인분)

생햄 ·························· 10장
크레송 ······················ 2묶음
검은 통후추 ················ 적당량

초간단 스피드 요리

[만드는 법]

1
생햄을 1장씩 넓게 펼친 뒤 가로로 반을 접는다.

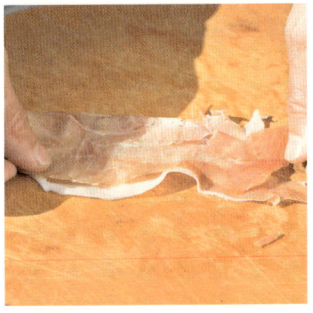

2
❶에 원하는 양만큼 물냉이를 얹어 돌돌 만다.

3
그릇에 담고 통후추를 뿌려준다.

⏱ 10분
🍴 조리기

마늘과 올리브오일의 향이 식욕을 자극한다
시푸드 믹스 펜네

[재료] (4인분)

시푸드믹스	약 200g
마늘	1쪽
올리브오일	1큰술
펜네	약 100g
허브솔트	적당량
검은 통후추	적당량
이탈리안 파슬리	적당량

[만드는 법]

1 시푸드믹스를 가볍게 물에 헹궈낸다. 잡내가 신경 쓰이면 뜨거운 물에 넣었다 바로 꺼낸다. 마늘은 꼭지를 떼어 으깨놓는다.

2 냄비를 중불에 올리고 올리브오일, 마늘을 넣는다.

3 향이 나기 시작하면 시푸드믹스, 펜네를 넣어 볶는다.

4 수분이 나오기 시작하면 약한 불로 줄이고 전체적으로 허브솔트를 조금 많이 뿌려 약 7분간 조린다.

5 통후추를 뿌려 맛을 내고 이탈리안 파슬리를 얹으면 완성.

POINT

시푸드믹스에서 나온 수분을 펜네가 흡수하므로 따로 물을 넣지 않아도 된다.

9. 최상의 맛의 조합, 맥주 안주로 딱

베이컨과 새송이버섯 버터 소테

[재료] (4인분)

- 버터 ························ 20g
- 베이컨 ····················· 100g
- 새송이버섯 ················ 2개
- 소금 ························ 적당량
- 검은 통후추 ··············· 적당량

⏱ 10분 / 🍴 볶기

초간단 스피드 요리

1. 냄비에 버터를 넣고 중불에 올려 나박나박 직사각형으로 썬 베이컨을 가볍게 볶는다.
2. 새송이버섯을 가늘게 찢어 냄비에 넣고 계속 볶아준다.
3. 입맛에 맞게 소금을 치고 마무리로 후추를 뿌리면 끝.

---

10. 입맛 다시게 하는 주키니, 식감도 최고

주키니 소시지 소테

[재료] (4인분)

- 소시지 ····················· 6개
- 주키니 호박 ··············· 1개
- 마늘 ························ 1쪽
- 올리브오일 ················ 1큰술
- 소금 ························ 적당량
- 검은 통후추 ··············· 적당량

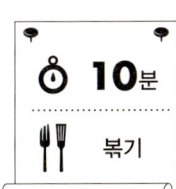

⏱ 10분 / 🍴 볶기

1. 소시지에 칼집을 넣는다. 주키니 호박은 가로로 반을 자르고 각각을 세로로 4등분하여 8조각을 낸다.
2. 냄비를 중불에 올리고 마늘 슬라이스, 올리브오일, 주키니 호박을 넣은 뒤 소금을 쳐서 볶는다.
3. 소시지를 넣고 주키니 호박이 노릇해질 때까지 볶는다. 마지막에 후추를 뿌린다.

은근히 자꾸 손이 가네!

닭다리살과 해송이버섯 볶음

[재료] (4인분)

해송이버섯 ·············· 50g
닭다리살 ················ 150g
참기름 ··················· 1큰술
멘쓰유* ················· 2큰술
시치미토가라시* ······ 적당량

① 해송이버섯은 밑동을 잘라 하나하나 떼어놓는다. 닭다리살은 한입 크기로 자른다.

② 냄비를 중불에 달궈 참기름을 두른다. 닭고기를 넣어 노릇하게 색이 날 때까지 볶다가 해송이버섯을 넣고 계속 볶는다.

③ 버섯의 숨이 죽으면 멘쓰유를 넣고 골고루 뒤적여준다. 그릇에 담고 시치미토가라시를 위에 뿌려준다.

*멘쓰유 : 가다랑어포를 우려낸 맛국물, 미림, 청주 등을 넣은 일종의 간장 양념.
*시치미토가라시 : 고추, 후추, 산초나무 씨, 마 열매, 진피 등을 섞어 가루를 낸 향신료.

오일을 빵에 찍어 먹어도 별미

새우 브로콜리 오일 조림

[재료] (4인분)

마늘 ······················· 1쪽
브로콜리 ················ 1줄기
껍데기 깐 새우 ········· 10마리
올리브오일 ············· 적당량
허브솔트 ················ 적당량

① 마늘은 꼭지를 떼서 으깬다. 브로콜리는 줄기를 하나하나 떼어놓는다. 새우는 씻어 물기를 뺀다.

② 냄비를 중불에 올려 마늘, 새우를 넣고 새우가 잠길 정도로 올리브오일을 부어 익힌다.

③ 브로콜리를 넣어 다시 약한 불에 조린다. 브로콜리가 익으면 허브솔트를 골고루 뿌린다.

 짭짤한 맛에 젓가락이 자꾸만 가는 술안주

중화풍 시푸드와 브로콜리 볶음

[재료] (4인분)

참기름·················· 1큰술
시푸드믹스 ············150g
브로콜리················ 5송이
소금 ····················· 적당량
치킨스톡(분말 타입)····1작은술
녹말가루················ 1큰술

초간단 스피드 요리

❶ 냄비를 중불에 올려 참기름을 둘러 달군 뒤 시푸드믹스, 먹기 좋은 크기로 손질한 브로콜리를 넣어 볶는다.

❷ 소금과 치킨스톡을 넣어 계속 볶는다. 물 2큰술에 녹말가루를 풀어 냄비 전체에 골고루 둘러 준다. 잘 뒤적여 섞어주고 걸쭉한 느낌이 들면 완성.

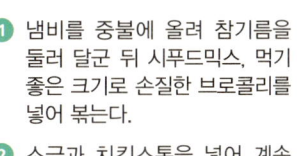

 밥 한 그릇이 순식간에 뚝딱!

알록달록 고추잡채

[재료] (4인분)

피망 ····················· 1개
빨강 파프리카··········· 1/2개
노랑 파프리카··········· 1/2개
돼지고기 삼겹살········150g
소금 ····················· 적당량
검은 통후추 ············ 적당량
버터 ···················· 20g
치킨스톡(분말 타입)····1작은술
간장 ····················1작은술

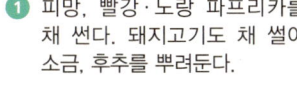
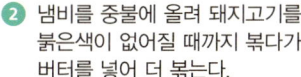

❶ 피망, 빨강·노랑 파프리카를 채 썬다. 돼지고기도 채 썰어 소금, 후추를 뿌려둔다.

❷ 냄비를 중불에 올려 돼지고기를 붉은색이 없어질 때까지 볶다가 버터를 넣어 더 볶는다.

❸ 피망, 빨강·노랑 파프리카를 넣어 볶다가 익으면 치킨스톡을 넣어준다. 더 볶다가 마지막에 간장을 둘러주면 완성.

15 살살 녹아내리는 순한 치즈의 맛
콘비프와 팽이버섯 치즈 카나페

[재료] (4인분)

팽이버섯 ················· 1/2봉지
콘비프 ···················· 1/2캔
피자용 치즈 ············· 적당량
크래커 ···················· 8조각

① 팽이버섯은 밑동을 떼어 약 1cm로 자른다.
② 냄비에 콘비프를 넣고 나무주걱 등으로 잘게 부순 뒤 중불에 올린다. 팽이버섯을 넣어 함께 볶는다.
③ 피자용 치즈를 얹는다. 약한 불에 2분간 두어 치즈를 녹인다.
④ ❸을 크래커 위에 얹는다.

⏱ 10분 / 🍴 볶기

16 게살의 단맛에 기분까지 UP!
게살과 양파 카나페

[재료] (4인분)

양파 ······················· 1/2개
버터 ······················· 20g
게 통조림 ················ 1개
소금 ······················· 적당량
검은 통후추 ············ 적당량
크래커 ···················· 8조각
피자용 치즈 ············· 기호에 따라

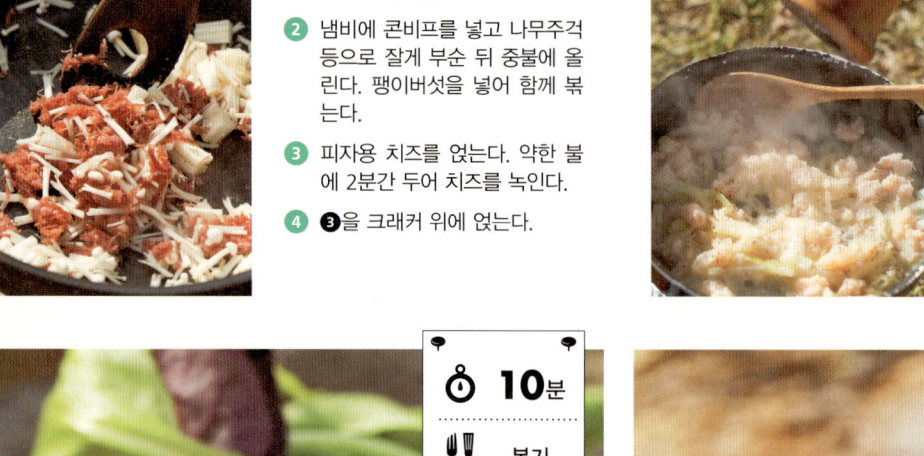

① 양파를 얇게 슬라이스한다. 프라이팬을 중불에 올려 버터를 넣어 녹인 뒤 양파를 볶는다.
② 게 통조림을 국물까지 그대로 넣어 볶아주고 소금, 후추를 뿌린다.
③ 크래커 위에 올리고 기호에 따라 치즈를 얹어주면 완성.

⏱ 10분 / 🍴 볶기

초간단 스피드 요리

17 토마토와 앤초비의 절묘한 조화

앤초비와 토마토 브루스케타

[재료] (4인분)

바게트 ················· 8조각
토마토 ················· 1개
이탈리안 파슬리 ··· 기호에 따라
앤초비 통조림 ············ 1개
검은 통후추 ······ 기호에 따라

1. 바게트를 1cm 두께로 잘라 8조각을 낸다. 토마토도 맞춰서 둥글게 자른 뒤 반으로 나눈다. 이탈리안 파슬리를 잎째 찢어놓는다.
2. 앤초비를 한입 크기로 자른다.
3. 바게트 위에 토마토, 이탈리안 파슬리를 얹고 앤초비를 올린 뒤 검은 통후추를 뿌려준다.

18 새콤한 레몬이 악센트

정어리 통조림과 레몬 브루스케타

[재료] (4인분)

바게트 ················· 8조각
레몬(무농약) ············· 1개
정어리 통조림 ············ 1개
소금 ················· 적당량
딜 ·················· 적당량
검은 통후추 ············ 적당량

1. 바게트를 1cm 두께로 자른다. 레몬도 함께 둥글게 썬 뒤 반으로 자른다. 정어리는 한입 크기로 자른다.
2. 바게트 위에 레몬, 정어리 순으로 올리고 충분히 소금을 뿌린 뒤 딜을 올려 장식한다. 마지막에 통후추를 갈아 뿌려준다.

 와인과도 잘 어울리는 일본식 술안주

간단 굴 오일 절임

[재료] (4인분)

생굴(껍데기 깐 것) ········ 10개
간장 ···················· 1큰술
생로즈메리 ············· 2줄기
올리브오일 ············· 적당량
검은 통후추 ············ 적당량
홍후추 ················· 적당량

10분
볶기

① 생굴, 간장, 생로즈메리를 냄비에 넣어 중불에 볶는다. 굴이 부풀어올라 통통해지면 익어간다는 증거. 수분이 완전히 졸아들 때까지 타지 않도록 냄비를 흔들어가면서 볶는다.

② 그릇에 담고 굴이 충분히 잠길 정도로 올리브오일을 뿌린다.

③ 마무리로 검은 통후추, 홍후추를 뿌린다.

POINT
병에 담아 올리브오일에 재워두어도 좋다.

 은은하게 스모크 향이 감도는 카르파초

라이트 스모크 카르파초

[재료] (4인분)

도미(횟감용) ············ 1조각
스모크우드 ·············· 1개
토마토 ·················· 1개
소금 ··················· 적당량
검은 통후추 ············ 적당량
홍후추 ················· 적당량
딜 ····················· 약간
올리브오일 ············· 적당량

10분
훈제

① 같은 크기의 볼(냄비도 가능) 2개와 철망을 준비한다.

② 볼에 철망을 얹고 도미를 얹는다. 스모크우드에 불을 붙여 철망에 얹은 뒤, 또 하나의 볼을 뚜껑처럼 덮어 3분간 두어 향이 배도록 한다.

③ 도미를 꺼내 자른다. 함께 곁들이는 토마토도 둥글게 슬라이스한다.

④ 그릇에 토마토와 도미를 담아 소금, 검은 통후추, 홍후추를 뿌려준다. 딜을 찢어 장식하고 올리브오일을 충분히 둘러준다.

 톡 쏘는 진저에일과 신선한 과일 맛에 감탄!

어른을 위한 프루트펀치

[재료] (4인분)

키위 ···················· 1/2개
딸기 ···················· 2개
자몽 ···················· 1/4개
스파클링 진저에일 ······ 적당량

초간단 스피드 요리

1. 키위 꼭지를 떼서 껍질을 벗기고, 딸기도 꼭지를 떼서 각각 1/4로 자른다. 자몽은 껍질을 벗기고 과육 알맹이만 빼내 먹기 좋은 크기로 자른다.
2. 컵에 ①의 과일을 넣고 스파클링 진저에일을 과일이 완전히 잠기도록 붓는다.

 고구마의 단맛이 제대로!

포슬포슬 고구마

[재료] (4인분)

고구마 ···················· 1/2개
생크림 ···················· 100㎖
설탕 ···················· 1티스푼
벌꿀 ···················· 적당량
계피가루 ···················· 약간
민트 ···················· 기호에 따라

1. 고구마는 씻어 두께 1.5mm 정도로 둥글게 썬다. 생크림은 설탕을 넣어 거품을 낸다.
2. 냄비에 고구마와 고구마가 잠길 정도의 물(분량 외)을 부어 센 불에 삶는다. 끓어오르면 중불로 한다.
3. 고구마가 익으면 물을 버리고 퍽퍽한 상태로 불에 올려 중불에 볶는다.
4. 고구마의 포슬포슬한 느낌이 나기 시작하면 불을 끈다. 그릇에 담아 꿀을 둘러주고 계피가루를 뿌린다. 생크림을 옆에 곁들이고 그 위에 민트를 얹어 장식하면 완성.

스토브 카탈로그

캠핑의 주방에서 가장 필수적인 것이 스토브. 메인으로 사용하는 투 버너부터 테이블 위에 두고 보조로 사용하는 싱글 버너까지 인기 모델을 소개한다.

2가지 타입은 각자 취향과 스타일에 따라 선택한다

장작이나 숯에 비해 간편하게 사용할 수 있고, 화력도 자유 자재로 조절할 수 있는 것이 스토브의 가장 큰 장점이다. 화이트 가솔린 등 액체 연료를 사용하는 타입은 화력이 강하며, 추운 겨울에도 안정적으로 사용할 수 있다. 또한 캠핑장에서 가솔린 랜턴을 사용한다면 연료를 함께 이용할 수도 있다.

한편 가스 스토브는 가솔린 스토브에서 필수적인 펌핑이나 예열 등을 할 필요가 없으며, 사용법이 간단한 것이 포인트다. 가스통과 카트리지의 액화가스가 기화할 때 열을 빼앗기 때문에 추운 겨울 또는 연속 사용할 때는 화력이 떨어지는 단점이 있지만 저온에 강한 카트리지를 사용하거나 독자적인 장치를 갖추는 등 단점을 보완한 모델도 많이 선보이고 있다.

SOTO / 레귤러 스토브 ST-310

손쉽게 구할 수 있고 경제적인 막대식 연료를 사용. 가스 출력을 자동으로 조절하는 기능을 갖추어 저온 또는 연속 사용 시에도 강하다. 4개의 큼지막한 그릇 받침대와 저중심 설계로 큰 냄비도 안정적으로 얹어서 사용할 수 있다.

사이즈 : (사용 시) 약 166×142×110mm, (수납 시) 약 140×70×110mm
중량 : (본체만) 약 350g
발열량 : 2500kcal/h
사용 시간 : 약 1.5시간(ST-760 1개 사용 시)

저온에도 화력이 안정적인 것이 매력!

UNIFLAME / 테이블톱버너 US-D

막대식 연료와 버너를 호스로 잇는 분리형 스토브. 저중심 설계에 그릇 받침대도 매우 튼튼하게 만들어져 있어 더치오븐을 올려놓아도 끄떡없다. 화력 조절 손잡이가 연료 쪽에 있어 냄비를 올린 상태에서도 손쉽게 불을 조절할 수 있다.

사이즈 : (수납 시) 200×200×90mm
중량 : 약 900g
발열량 : 3900kcal/h(프리미엄 가스), 3000kcal/h(일반 가스)
사용 시간 : 약 45분(프리미엄 가스), 약 55분(일반 가스)

견고한 그릇 받침대로 더치오븐도 거뜬히 올릴 수 있다!

MSR / 드래곤플라이

화이트 가솔린 등의 액체 연료를 사용하는 타입. 가스보다 저온에 강하고, 화력도 세서 동절기에도 안심하고 사용할 수 있다. 버너와 연료를 호스로 잇는 분리형이라 대용량 제품을 연결하면 장시간 편리하게 이용할 수 있다.

사이즈 : (수납 시) 170×120×90mm
중량 : (스토브+연료 펌프) 401g, (가방) 534g
발열량 : 약 2192kcal/h
사용 시간 : (화이트 가솔린/600㎖) 126분, (등유/600㎖) 153분, (디젤/600㎖) 136분

겨울에도 안심하고 사용하는 가솔린 스토브

PRIMUS / P-154S 울트라스파이더 스토브

4개의 그릇 받침대로 안정적으로 설계된 가스 타입의 분리형 스토브. 최소한의 핵심 부분만 압축하여 초경량을 실현하였으며 접으면 콤팩트하게 수납할 수 있어서 등산 시에도 활용도가 높다. 버너의 열로 가스 기화를 촉진하는 예열 파이프를 갖추어 화력이 안정적이다.

사이즈 : (수납 시) 9.3×10×3.5cm
중량 : (본체) 178g
발열량 : 약 3.6kw / 3000kcal/h(T형 가스)
사용 시간 : 약 65분(IP-250가스)

초경량에 소형 사이즈라 휴대성 탁월

CATALOG

좌식 캠핑에 딱!

UNIFLAME/ 트윈 버너 US-1900

막대식 연료 타입이라 간편하게 사용할 수 있고, 화력이 강한 것도 장점이다. 버너의 열을 전달하여 연료통을 따뜻하게 데우는 동형 부스터(가온기)를 장착하여 기화열로 연료통이 냉각되어 화력이 떨어지는 현상을 막았다. 본체는 스테인리스 소재로 청소하기 쉽고 깔끔하다.

사이즈 : (사용 시) 540×325×290mm, (수납 시) 540×325×115mm
중량 : 약 3.9kg
발열량 : 약 3900kcal/h×2(프리미엄 가스), 약 3000kcal/h×2(일반 가스)
사용 시간 : 약 45분(프리미엄 가스), 약 55분(일반 가스)

PRIMUS/ 뇨르드 투 버너

경량으로, 다리를 접으면 소형으로 수납되어 휴대하기 좋은 가스버너. 대형 버너헤드가 인상적이며, 특히 X자형 그릇 받침대는 방풍 기능도 있어 비교적 바람에 강하다. 지면에 놓았을 때 안정적인 설계라 좌식 캠핑에서도 환영받는다.

사이즈 : (수납 시) 47.5×8.5×21cm
중량 : (본체) 약 1.8kg
발열량 : 2400kcal/h×2
사용 시간 : 약 70분×2

누구나 사용하기 편리한 투 버너

가장 애용하는 상품은 이것!

Coleman/ 413H 파워하우스 투 버너

화이트 가솔린을 사용하는 투 버너는 가장 인기 있는 모델로 손꼽힌다. 트렁크처럼 수납할 수 있고, 사용 시에는 뚜껑이 방풍을 겸하는 디자인이라 합리적이다. 안정된 화력으로 사계절 사용에 전혀 문제가 없다. 캠핑의 주방에 강력 추천하는 모델.

사이즈 : (사용 시) 약 67×46×44.8cm, (수납 시) 약 56×35×16cm
중량 : 약 5.8kg
발열량 : 약 3650kcal/h(메인 버너), 약 2750kcal/h(보조 버너)
사용 시간 : 약 2~6시간

Coleman/ 다이닝 마스터 글래디에이터 가솔린 투 버너

가솔린 투 버너의 대명사 콜맨에서 40년 만에 선보인 신제품. 가장 큰 특징은 연료 탱크에서 2개의 버너로 연결되는 듀얼 제너레이터를 갖춘 것. 이로써 화력이 동일한 2개의 버너를 각기 독립적으로 사용할 수 있어서 활용도가 대폭 커졌다.

사이즈 : (사용 시) 약 620×450×150mm
발열량 : 약 3750kcal/h(각 버너)

STEP 2

스킬렛 레시피

볶기만 하면 뚝딱 완성되는 간단 요리부터 푹 조려서 맛을 내는 요리, 훈제로 향을 즐기는 레시피까지,
다양한 조리법을 자랑하는 스킬렛 백서.

1 쇼고기와 브로콜리 마늘볶음 ……………… 032
2 간단 소시지 콩조림 ……………………… 033
3 레몬 치킨 그릴 …………………………… 034
4 시금치와 달걀볶음 ……………………… 035
5 맑은 토마토수프 ………………………… 035
6 바지락과 브로콜리가 들어간 펜네 ……… 036
7 새우 강낭콩 갈릭 버터 ………………… 037

8	이탈리안 쇠고기스테이크	038
9	감자와 아스파라거스 소테	039
10	스페인풍 오믈렛	040
11	갈리시아 스타일의 문어 감자조림	042
12	매운맛 스모크 치킨윙	043
13	간단 아쿠아파차	044
14	파에야	045
15	베이컨과 해송이버섯 파스타 오믈렛	046

DESSERT

16	딸기빵 푸딩	047
17	마스카르포네 치즈를 얹은 사과조림	048

※요리에 사용한 스킬렛 사이즈는 9~10인치

OUTDOOR GEAR

스킬렛 사용법과 특징

만능 프라이팬 스킬렛 하나만 있으면 가능한 요리의 세계가 몇 배나 늘어난다.
그 효능과 특징을 제대로 알아두자.

주물이나 철판으로 된 두께가 있는 프라이팬. 축열성, 열전도성이 높아 본체 전체, 그리고 뚜껑까지 열을 축적하여 골고루 재료를 익혀준다. 무게가 있어서 중화요리 팬처럼 들고 흔들면서 요리할 수는 없지만 젓가락과 나무주걱 등을 이용하여 재료를 섞으면 문제없다. 말하자면 프라이팬의 일종이지만, 모닥불이나 숯불에서도 조리할 수 있을 정도로 견고한 것이 스킬렛의 마력이다. 캠핑 도구로 널리 알려지면서 이제는 가정에서도 많이 사용하고 있다.

뚜껑
요리의 폭을 한 단계 넓혀주는 역할을 한다. 별도 판매하는 경우가 많지만 뚜껑이 있으면 축열성이 한층 좋아져 활용도가 높아지므로 함께 구비하는 것이 좋다.

손잡이
본체와 같은 재질로 만들어져 불에 닿아도 타지 않는다. 요리 중에는 뜨거워질 수 있으므로 주의하자.

본체
주물 소재로, 열이 균일하게 퍼지는 특성이 있어서 식재료가 골고루 익는다. 보온성이 뛰어나 그대로 테이블에 올려놓아도 잘 식지 않는 것 역시 빼놓을 수 없는 장점.

사용하기 전에 해야 할 것

사용 전에 철물의 냄새나 오염 물질을 제거해야 한다.
셀러리나 생강 등 향미채소를 올리브오일 등에 볶은 뒤 사용하자.

셀러리나 양파, 생강, 마늘 등을 올리브오일에 볶는다.

볶은 야채를 꺼내고 키친타월 등으로 기름을 닦아낸다.

뜨거운 물을 붓는다(주물성 제품은 급격한 온도 변화에 깨질 수 있으므로 찬물은 NG)

수세미를 이용해 남아 있는 오염 물질을 닦아낸다. ※이것을 3회 정도 반복한다.

수분이 묻은 채 두면 녹이 생길 수 있으므로 불에 달구어 물기를 완전히 날려버린다.

올리브오일 등의 기름을 키친타월에 묻혀 가볍게 발라준다.

상급 활용법을 익히자

장작이나 숯불에서 조리를 해도 문제가 없는 재질이므로 잘 활용한다면 오븐 요리도 얼마든지 즐길 수 있다.

케이크 만들 때 사용하는 바닥 없는 틀을 뚜껑 위에 올리고 그 안에 불이 오른 숯불을 얹으면 오븐처럼 요리할 수 있다. 케이크 틀이 없으면 알루미늄 포일 제품으로도 대용할 수 있으므로 문제없다.

스킬렛은 일반 프라이팬과 달리 볶기나 굽기 외에 조림과 찜도 가능하다. 오븐 기능도 얼마든지 가능하므로 더치오븐이 없어도 스킬렛 하나만 있으면 폭넓게 캠핑 요리를 즐길 수 있다.

한 끼 푸짐한 인기 캠핑 요리

쇠고기와 브로콜리 마늘볶음

⏱ 15분
🍴 볶기

[재료] (4인분)

쇠고기 우둔살·················· 200g
소금 ························· 적당량
검은 통후추 ·················· 적당량
브로콜리 ······················ 1줄기
마늘 ·························· 1쪽
올리브오일 ··················· 2큰술
간장 ·························· 1큰술

[만드는 법]

1
쇠고기 우둔살을 한입 큼지막하게 잘라 소금, 통후추를 골고루 갈아서 뿌려준다.

2
브로콜리는 송이를 떼어 잘 익을 수 있도록 줄기 중심을 다시 반으로 자른다. 마늘은 껍질을 까서 납작하게 으깬다.

3
스킬렛을 중불에 올려 따뜻해지면 올리브오일, 마늘, 쇠고기를 차례로 넣어 전체적으로 볶는다.

4
쇠고기에 색이 나기 시작하면 브로콜리를 넣어 볶는다.

5
브로콜리가 적당히 숨이 죽을 때까지 볶고 마무리로 간장을 둘러 골고루 잘 섞어준다.

재료 (4인분)

소시지·················· 5개
양배추(작은 것)········· 1/4통
올리브오일·············· 적당량
브이용 큐브············· 1개
믹스 빈 통조림·········· 1개(120g)
홍고추················ 기호에 따라
검은 통후추············· 적당량

만드는 법

1
소시지는 약 1/2~1/3 길이로 자른다. 양배추는 먹기 좋은 크기로 큼직하게 썬다.

2
스킬렛을 중불에 올려 데워지면 올리브오일, 소시지를 넣어 노릇하게 구워진 느낌이 들 때까지 볶는다.

3
소시지를 한편으로 몰아놓고 빈자리에 양배추를 올린 뒤 소시지가 잠길 정도로 물(분량 외)을 붓는다.

4
❸에 브이용을 넣는다.

5
소시지 쪽 위로 믹스 빈을 넣고, 양배추 쪽에는 잘게 다진 홍고추를 뿌려준 뒤 뚜껑을 덮는다. 중약의 불에서 5분가량 조린다.

6
마무리로 통후추를 갈아 뿌려준다.

⏱ **15분**
🍴 조리기

2 술안주로 대환영!

간단 소시지 콩조림

스킬렛 레시피

산뜻한 레몬 맛에 저절로 손이 간다!
레몬 치킨 그릴

⏱ **20분**
🍴 굽기

[재료] (4인분)

- 닭다리살 ········· 2조각
- 소금 ············· 적당량
- 검은 통후추 ······· 적당량
- 레몬 ············· 1개
- 참기름 ··········· 1큰술
- 올리브 ··········· 8개

[만드는 법]

1 닭다리살은 각기 반으로 잘라 소금과 후추를 골고루 뿌린다.

2 레몬을 두껍게 가로로 4조각을 낸다(양끝은 따로 사용하므로 버리지 말 것).

3 스킬렛을 중불에 올려 참기름을 두르고 닭고기를 껍질 쪽부터 구워 노릇해지면 뒤집는다. 다시 노릇노릇 구워지면 약한 불로 줄이고 뚜껑을 덮어 약 3분간 열로 익힌다.

4 뚜껑을 열고 센 불로 올려 껍질 쪽을 다시 구워 바삭한 느낌이 들면 중불로 내린 뒤 고기를 뒤집어준다. 레몬 4조각을 넣는다.

5 ❷에서 남겨두었던 레몬 양끝의 조각을 짜주고 올리브를 넣는다. 레몬이 완전히 숨이 죽어 부드러워질 때까지 익혀준다.

4 야외에서 먹으면 한층 색다른 맛!

시금치와 달걀볶음

[재료] (4인분)

시금치 ·················· 1다발
해송이버섯 ············· 50g
버터 ······················ 20g
소금 ···················· 적당량
달걀 ························ 4개
검은 통후추 ········· 적당량

 **15분**
볶기 & 찌기

① 시금치를 5~6cm 길이로 자른다. 해송이버섯은 밑동을 제거하고 잘게 떼어놓는다.

② 스킬렛을 중불에 올리고 버터를 넣어 해송이버섯, 시금치 줄기 쪽을 먼저 볶는다.

③ 나긋해지면 남은 시금치를 넣고 소금을 뿌려 더 볶는다. 달걀을 넣을 수 있도록 4곳의 자리를 비워놓는다.

④ 달걀을 비워놓은 자리에 깨뜨려 넣고 뚜껑을 덮어 열기로 익힌다. 흰자가 어느 정도 익으면 마무리로 통후추를 뿌린다.

 STEP 2 스킬렛 레시피

 5 토마토의 감칠맛을 만끽할 수 있는 일품요리

맑은 토마토수프

[재료] (4인분)

완숙 토마토 ············· 4개
소금 ···················· 적당량
검은 통후추 ······ 기호에 따라

 **20분**
삶기

① 토마토 꼭지를 떼고 윗부분에 십자 모양의 칼집을 넣은 뒤 소금을 충분히 뿌린다.

② 스킬렛에 칼집이 들어간 부분이 아래로 가게 해서 토마토를 올린다. 뚜껑을 덮고 15~20분가량 약한 불에 익힌다.

③ 토마토에서 나온 수분으로 토마토가 반 정도 잠길 정도가 되면 완성. 그릇에 담고 기호에 따라 통후추를 뿌린다.

술이 술술 넘어가는 짭조름한 맛
바지락과 브로콜리가 들어간 펜네

⏱ **20분**
🍴 조리기

[재료] (4인분)

브로콜리	1줄기
마늘	1쪽
바지락	200g
올리브오일	1큰술
펜네	100g
소금	약 10~15g

[만드는 법]

1
브로콜리는 송이를 낱낱이 떼어 놓고, 마늘은 꼭지를 따서 으깬 뒤 5mm 폭으로 썰어준다. 바지락은 씻어서 해감한다(※물 500㎖, 소금 1큰술의 소금물을 만들어 평평한 용기에 담가 1시간 정도 둔다).

2
스킬렛에 올리브오일, 펜네, 소금 1작은술을 넣고 펜네가 잠길 정도의 물(분량 외)을 부어 센 불에 올린다. 끓기 시작하면 중불로 줄이고 마늘을 넣어 5분가량 익힌다.

3
스킬렛의 가운데 쪽에 바지락을 넣는다.

4
가장자리를 따라 브로콜리를 촘촘히 박아서 넣는다. 뚜껑을 덮어 1분 정도 익히면 완성.

새우와 마늘 맛에 중독
새우 강낭콩 갈릭 버터

⏱ 15분
🍴 볶기

[재료] (4인분)

새우 · · · · · · · · · · · · · · · · · · · 10마리
꼬투리강낭콩 · · · · · · · · · · · · · · · · 10개
마늘 · 1쪽
버터 · 20g
허브솔트 · · · · · · · · · · · · · · · · · 적당량

[만드는 법]

❶ 새우는 껍데기를 벗기고 내장을 꺼낸 뒤 잘 씻는다. 꼬투리강낭콩은 꼭지를 잘라내고 반으로 자른다. 마늘은 잘게 다진다.

❷ 스킬렛에 버터와 마늘을 넣고 중불에 올려 꼬투리강낭콩, 새우를 차례로 넣어 볶는다.

❸ 전체적으로 재료가 익으면 허브솔트를 뿌려 맛을 낸다.

스킬렛 레시피

[재료] (4인분)

쇠고기 우둔살	500g
소금	적당량
검은 통후추	적당량
다진 마늘	1작은술
올리브오일	1큰술
크레송	1다발
파메르산 치즈	기호에 따라

단시간에 간단하게 만드는 고급 쇠고기 요리
이탈리안 쇠고기스테이크

⏱ **20분**
🍴 굽기

[만드는 법]

❶ 쇠고기에 소금, 후추를 충분히 뿌리고 다진 마늘을 골고루 발라준다.

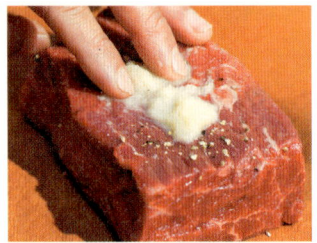

❷ 스킬렛을 중불에 올려 올리브오일을 두른 뒤 쇠고기 표면이 노릇해질 때까지 구운 다음 꺼낸다.

❸ ❷를 10분 정도 그대로 둔 뒤 1cm 정도의 두께로 자른다. 크레송을 함께 곁들이고 기호에 따라 얇게 잘라낸 파메르산 치즈를 위에 장식한다.

❹ 간장양파소스나 프레시 토마토소스를 곁들여 먹어도 맛있다(※P.100~101 참조).

요리 초보도 뚝딱 만드는 일품요리

감자와
아스파라거스 소테

[재료] (4인분)

감자	2개
아스파라거스	8개
베이컨	100g
올리브오일	2큰술
소금	적당량
검은 통후추	적당량

⏱ 15분
🍴 찌기 & 볶기

[만드는 법]

1
감자는 잘 씻어 4등분하여 자른다. 아스파라거스는 딱딱한 밑동을 자르거나 껍질을 벗긴다. 베이컨은 직사각형으로 두툼하게 썬다.

2
스킬렛에 물 150㎖(분량 외)를 붓고 철망을 얹는다. 감자를 올린 뒤 뚜껑을 덮어 센 불에 찐다.

3
물이 끓기 시작하면 약중불로 5분 정도 더 찐 뒤 철망과 감자를 꺼낸다. 물은 따라내 버린다.

4
스킬렛을 중불에 올려 물기를 완전히 제거한 뒤 올리브오일, 베이컨을 넣어 볶는다.

5
베이컨을 스킬렛 가장자리에 빙 둘러 올려놓고 ❸의 감자를 가지런히 올려 노릇하게 굽는다.

6
아스파라거스를 넣고 다시 볶아준다. 소금, 후추를 뿌려 마무리한다.

스킬렛 레시피

오호! 씹는 맛이 색다르다

스페인풍 오믈렛

⏱ 30분
🍴 볶기 & 조리기

[재료] (4인분)

감자	2개
소시지	4개
덩어리 베이컨	100g
허브솔트	적당량
홀토마토 통조림	200g
올리브오일	2큰술
소금	1작은술
버터	15g
달걀	4~5개
검은 통후추	기호에 따라
이탈리안 파슬리	기호에 따라

[만드는 법]

❶ 잘 씻은 감자, 소시지, 덩어리 베이컨을 모두 큼직하게 한입 크기로 잘라놓는다.

❷ 스킬렛을 중불에 올려 ❶의 재료가 살짝 노릇하게 색이 날 때까지 볶는다.

❸ 허브솔트를 전체적으로 뿌려준 뒤 다른 그릇에 담아놓는다.

❹ 홀토마토를 그릇에 담아 손으로 잘게 으깨준다.

❺ 스킬렛을 중불에 올려 ❹, 올리브오일, 소금을 뿌려서 약 5분가량 조린다. 걸쭉한 느낌이 들면 그릇에 담아놓는다.

❻ 스킬렛을 키친타월로 깨끗이 닦는다.

❼ 스킬렛을 중불에 올리고 버터를 넣은 뒤 달걀을 풀어서 흘려 넣는다(가능하면 동시에 뚜껑을 센 불에 뜨겁게 달궈둔다).

❽ ❸의 재료를 달걀에 놓고 센 불에 두어 뚜껑을 닫는다. 5~10분 후 달걀이 익으면 완성.

❾ 기호에 따라 통후추, 이탈리안 파슬리를 뿌려주고 ❺의 소스를 곁들여 먹는다.

 스페인 와인과 함께하고 싶은 풍성한 맛

갈리시아 스타일의 문어 감자조림

45분
조리기

[재료] (4인분)

자숙문어	200g
감자	2개
양파	1/2개
허브솔트	적당량
파프리카 파우더	적당량
검은 통후추	적당량

[만드는 법]

❶ 자숙문어는 마구썰기하고, 감자는 잘 씻어서 4등분해서 썬다. 양파는 빗모양썰기한다.

❷ 스킬렛에 감자와 양파를 넣고 바특한 정도로 물(분량 외)을 부어 센 불에 올린다. 여기에 문어도 함께 넣는다.

❸ 허브솔트를 2작은술 정도 뿌리고, 문어가 부드러워질 때까지 약한 불에 약 30분가량 조린다.

❹ 허브솔트로 간을 맞춘다. 그릇에 담고 파프리카 파우더와 통후추를 넉넉히 뿌려주면 완성.

스킬렛 레시피

 훈연 향과 이국적 향신료의 환상적인 조합

매운맛 스모크 치킨윙

⏱ 20분
🍴 굽기 & 훈제

[재료] (4인분)

닭날개	12개
소금	적당량
검은 통후추	적당량
칠리 파우더	기호에 따라
파프리카 파우더	기호에 따라
셀러리	1줄기
훈연 스틱	1개

[만드는 법]

① 닭날개에 소금, 후추를 뿌리고 기호에 따라 칠리 파우더, 파프리카 파우더를 뿌려준다.

② 스킬렛에 철망을 깔고 닭날개를 가지런히 놓은 뒤 뚜껑을 덮어 중불에 7~8분 익힌다.

③ 셀러리는 길이를 맞춰 스틱 모양으로 잘라 그릇에 담는다.

④ 닭날개가 익으면 불을 끄고 겹치지 않도록 간격을 벌린 뒤 불을 피운 훈연 스틱을 넣는다. 뚜껑을 빗겨서 살짝 덮어 5분가량 향이 배도록 한다.

⑤ 요구르트 마요네즈소스를 곁들이면 완성(※P.101 참조).

간단하게 만들어 폼 나게 즐긴다

간단 아쿠아파차*

*아쿠아파차 : 어패류를 토마토, 올리브오일 등과 함께 조리한 이탈리아 캄파니아 지방의 요리.

⏱ **20분**
🍴 굽기

[재료] (4인분)

바지락	1팩
새우	4마리
방울토마토	5개
흰살 생선(손질해놓은 것)	2조각
소금	적당량
올리브오일	2큰술
올리브	5개
이탈리안 파슬리	기호에 따라
검은 통후추	기호에 따라

[만드는 법]

1
바지락은 소금물에 해감한다(P.36 참조). 새우는 껍데기를 벗기고 내장을 떼어 씻어준다. 방울토마토는 반으로 잘라둔다.

2
새우와 흰살 생선에 소금을 충분히 뿌려둔다.

3
스킬렛을 중불에 올려 올리브오일을 둘러준 뒤 흰살 생선을 앞뒤로 구워준다.

4
센 불로 올려 바지락, 방울토마토, 올리브를 넣은 뒤, 새우와 물 100㎖(분량 외)를 넣는다.

5
뚜껑을 덮고 5분가량 익힌다. 이탈리안 파슬리를 뿌려주고 마지막에 통후추를 뿌린다.

14

신선한 바다의 맛으로 차려진
화려한 식탁

파에야

⏱ 30분
🍴 볶기 & 조리기

[재료] (4인분)

사프란(가루)	1/2티스푼
새우	6마리
바지락	1팩
양파	1/4개
피망	1개
방울토마토	5개
레몬	기호에 따라
올리브오일	2큰술
쌀	240g
브이용 큐브	기호에 따라

[만드는 법]

❶ 스킬렛에 100㎖(분량 외)의 물을 끓여 사프란이 있는 작은 그릇에 부어 색을 낸다.

❷ 새우는 껍데기를 벗겨 내장을 뺀 뒤 씻는다. 바지락은 소금물에 해감한다 (P.36 참조). 양파는 얇게 썰고, 피망은 둥글게 썰고, 방울토마토는 반으로 자른다. 레몬은 빗모양썰기한다.

❸ 스킬렛을 중불에 올려 올리브오일, 양파, 방울토마토를 넣어 볶는다. 양파가 투명해지면 약한 불로 줄이고 미리 씻어둔 쌀을 넣어 잘 섞는다.

❹ ❶을 스킬렛 전체적으로 돌리고 센 불로 올린 뒤 새우와 바지락을 골고루 넣고 뚜껑을 덮는다. 진한 맛을 좋아한다면 브이용 큐브를 잘라서 함께 넣는다.

❺ 끓어오르면 중불로 줄여 5분, 약한 불로 2분 정도 더 익힌다. 중간에 뚜껑을 열어보아 쌀이 수분을 완전히 흡수하였다면 약한 불에 3분, 불을 끄고 3분간 뜸을 들인다.

❻ 피망을 위에 올리고 레몬을 함께 곁들이면 완성. 기호에 따라 레몬 즙을 뿌려서 먹는다.

STEP 2 스킬렛 레시피

[만드는 법]

1
파스타 면을 요리하기 약 1시간 30분 전에 미리 250㎖의 물(분량 외)에 담가둔다(자세한 내용은 P.67 참조).

2
베이컨은 길쭉하게 썰고, 해송이버섯은 밑동을 잘라 잘게 나눠둔다.

3
냄비에 약 300㎖의 물(분량 외)과 소금을 넣고 끓인다. 달걀을 젓가락이나 거품기로 잘 풀어둔다.

4
스킬렛을 중불에 올리고 올리브오일 1큰술을 둘러 베이컨, 해송이버섯이 노랗게 색이 날 때까지 볶는다.

5
물이 끓으면 물기를 뺀 파스타 면을 넣고 약 1분 삶아내 체에 걸러놓는다. 물기가 빠지면 스킬렛에 넣어 ❹의 베이컨, 해송이버섯과 함께 볶는다.

6
❺를 잘 풀어놓은 ❸의 달걀에 넣어 섞는다. 스킬렛을 한 번 닦아내고 남은 올리브오일(1큰술)을 둘러 센 불에 올린다.

7
스킬렛에 달걀물을 입힌 파스타를 넣어 넓게 펼쳐준 뒤 3분 정도 중불에 굽는다. 스킬렛을 뒤집어 접시에 가지런히 담으면 완성.

⏱ **20분**
🍴 삶기 & 볶기

15 겉은 바삭바삭, 속은 촉촉

베이컨과 해송이버섯 파스타 오믈렛

[재료] (4인분)

파스타 면	150g
베이컨(두툼한 타입)	100g
해송이버섯	50g
소금	1큰술
달걀	3개
올리브오일	2큰술

[재료] (4인분)

바게트······················· 1/2개
우유························· 550㎖
그래뉴당······················ 60g
달걀··························· 4개
딸기··························· 6개
메이플시럽················· 적당량

[만드는 법]

① 바게트를 크게 한입 크기로 마구썰기해서 스킬렛에 담는다. 우유(150㎖), 그래뉴당(30g)을 볼에 넣어 섞은 뒤 스킬렛에 부어 빵에 스며들도록 한다.

② 볼에 달걀을 깨 넣고 젓가락이나 거품기로 잘 풀어준 뒤 우유(400㎖), 그래뉴당(30g)을 넣어 다시 젓는다.

③ ❷를 스킬렛의 빵 위에 둘러 부어준다. 가능하면 이때 뚜껑을 뜨겁게 달궈둔다.

④ 딸기는 꼭지를 떼어 세로로 반을 잘라 5개분은 빵에 나란히 얹는다.

⑤ 뚜껑을 덮고 약한 불에 올려 10분가량 굽는다. 표면이 딱딱해지면 불을 끈다.

⑥ 남은 딸기 1개를 가운데 장식하고, 메이플시럽을 듬뿍 뿌려주면 완성.

16 부드러운 단맛이 입안 한가득

딸기빵 푸딩

⏱ **20분**
🍴 굽기

STEP 2
스킬렛 레시피

[재료] (4인분)

- 사과 ··································· 1개
- 시나몬 스틱 ···················· 2개
- 그래뉴당 ························ 3큰술
- 마스카르포네 치즈 ········· 적당량
- 시나몬 파우더················· 약간

사과와 치즈의 상큼한 조화

마스카르포네 치즈를 얹은 사과조림

20분
굽기

[만드는 법]

1 사과는 잘 씻어 얄팍하게 빗모양썰기하고, 씨는 제거한다.

2 스킬렛에 사과를 겹쳐서 넣고 시나몬 스틱과 그래뉴당을 넣는다.

3 뚜껑을 덮고 약한 불에 15분간 익힌다.

4 그릇에 담고 마스카르포네 치즈를 위에 얹은 뒤 그래뉴당(분량 외)과 시나몬 파우더를 뿌려주면 완성.

스킬렛 카탈로그

무쇠로 만든 스킬렛은 식재료에 골고루 열을 전달하여 요리를 한층 맛있게 해준다.
인원이 적은 경우 사용하기 간편하여 더치오븐 대용으로도 널리 사랑받는다.

어떤 요리도 OK. 가정에서도 애용하는 프라이팬

스킬렛은 말하자면 프라이팬이라고 할 수 있는데 주물로 두껍게 만들어진 것이 특징이다. 더치오븐과 마찬가지로 용기 자체에 열을 축적하여 이를 요리 재료에 오랫동안 골고루 전달하므로 맛이 한층 좋아진다.

더치오븐이 너무 커서 부담스러운 사람에게 강력 추천한다. 알루미늄 포일을 가장자리에 둘러 뚜껑 위에 숯을 얹는 등 다양하게 응용할 수 있다. 이런 방식으로 그라탕 등 오븐 요리까지 얼마든지 즐길 수 있다. 물론 캠핑만이 아니라 집에서도 사용할 수 있다.

구입 시 스킬렛 본체만 판매하는 제품이 많은데, 뚜껑을 함께 갖추는 것이 좋다. 뚜껑을 닫으면 밀폐성이 높아져 식재료의 맛이 손실되지 않고 유지된다.

OIGEN / 더치오븐 텐피 24cm 그릴 스킬렛

이와테 현의 오이겐주조에서 만든 제품으로 뚜껑이 평평해서 위에 숯을 얹을 수 있다. 뚜껑 안쪽이 물결무늬로 제작되어 기름을 두르고 그릴 요리에 활용할 수 있다.

뚜껑에 물결무늬가 있어 그릴로도 사용 가능!

사이즈: 세로 24.7×가로 45×전체 높이 9.2cm
중량: 5.65kg
재질: 무쇠
※주조의 특성상 사이즈·중량이 다소 차이가 날 수 있다.

UNIFLAME / 스킬렛 10인치

흑피철판을 사용한 스킬렛이다. 3.2mm의 두꺼운 철판이 열을 전체적으로 축적한다. 다소 무거워서 프라이팬처럼 들고 흔들 수는 없지만 사용이 간편해서 가정에서도 널리 애용되고 있다.

사이즈: (냄비 지름) 25×(깊이) 5cm, (전체 길이) 39cm
중량: 2.7kg
재질: (본체) 흑피철판 3.2mm·클리어 래커 도장, (손잡이) 지름 9mm 흑피무광봉, (뚜껑) 흑피철판 2mm 클리어 래커 도장

충격에도 강한 무쇠 재질!

LODGE / 롯지 스킬렛 & 커버 세트 9인치

스킬렛과 뚜껑이 세트로 구성된 가장 기본적인 제품. 뚜껑 안쪽에 작은 돌기가 있어서 이곳에서 수분이 떨어져 원재료의 맛을 잘 보존해준다.

사이즈: 지름 23×깊이 4cm
중량: 3.5kg
재질: 무쇠

전통적인 디자인, 뚜껑이 한 세트

STEP 3

더치오븐 레시피

캠핑 요리에 빠질 수 없는 주연급 요리가 속속.
더치오븐만이 가능한 특별한 기능을 100퍼센트 살린 호화 레시피를 소개한다.

1. 순무와 브로콜리 포타주 …………… 056
2. 비프토마토 수프 ………………………… 057
3. 바지락크림 그라탕 …………………… 058
4. 가지와 베이컨 오븐구이 ……………… 060
5. 로스트포크 ……………………………… 061
6. 어패류가 한가득 부야베스 …………… 062
7. 닭가슴살 버섯밥 ……………………… 064

8	돼지 삼겹살 두유 샤부샤부	065
9	볼로네제	066
10	닭고기와 올리브 토마토 조림	068
11	우설조림	069
12	촉촉한 로스트치킨	070
13	로스트비프	072
14	갓 지은 밥	074
15	일본식 된장국 돈지루	075
16	진한 비프카레	076
17	감칠맛 나는 포크빈스	078

DESSERT

18	바나나초코 크럼블	079

※레시피에 사용한 더치오븐은 8~12인치

OUTDOOR GEAR

더치오븐 사용법과 특징

일반적인 냄비의 기능 외에도 뚜껑을 덮고 숯을 얹으면
오븐처럼 위아래에서 전체에 열을 가할 수 있다.

캠핑에서 사용하기 편리하게 만들어져 캠프 더치오븐으로도 불린다. 일반적인 냄비의 기능은 물론, 뚜껑을 함께 사용하여 오븐처럼 활용할 수도 있다. 다리가 없는 타입의 제품은 가정에서도 애용된다. 실내에서는 온도와 바람의 변화가 없지만, 야외에서는 계절과 기후, 바람의 영향으로 시시각각 화력이 변하므로 이에 대한 대비가 필요하다. 일반적인 가정용 얇은 냄비는 외부 환경에 쉽게 영향을 받아 온도가 불안정하지만 더치오븐은 일정하여 야외에서 사용하는 데 최적화되어 있다.

뚜껑(리드)
밀폐성을 높이는 효과가 있으며, 일반 냄비와 달리 숯을 올려놓을 수 있도록 가장자리를 높게 만들었다.

손잡이
장작 위에 설치하는 삼각대(트라이포드)에 걸어 요리할 수 있다.

본체
스킬렛과 마찬가지로 두께가 있는 무쇠 소재다. 냄비 전체에 열을 전달하여 일식·양식 등에 폭넓게 활용할 수 있으며, 어떤 재료든 한층 깊은 맛을 내준다.

다리(레그)
다리가 있어서 땅에 직접 놓고 숯이나 장작을 아래에 넣어 사용할 수 있다.

뚜껑 위 화력 조절

뚜껑 위에 얹는 숯은 양과 위치를 달리하여 불의 세기를 조절할 수 있다.
오븐 요리를 위해서는 꼭 알아야 할 요령이므로 잘 기억해두자.

뚜껑 위에 15~16개 정도 불이 오른 숯을 얹으면 센 불이 된다. 동일한 제품으로 같은 크기의 숯을 여러 번 사용하면 화력이 어느 정도 되는지 감을 잡을 수 있다.

뚜껑 가장자리로 숯을 둘러놓으면 중불. 더치오븐 아래에 놓는 숯은 4~5개가 기준이다. 물론 계절이나 기온에 따라 조절하는 것이 중요하다.

중불에서 숯을 몇 개 빼내면 약한 불이 된다. 동절기에는 더치오븐이라도 열이 일정하게 전달되지 않을 수 있으므로 안의 상태를 봐가면서 숯의 위치와 양을 조절하자.

눌어붙은 음식물 떼어내기

조금 번거롭더라도 사용 후에 손질을 바로바로 꼼꼼하게 해두자.
관리만 잘하면 3대가 사용할 수 있을 정도로 튼튼한 캠핑 용품이다.

고기를 굽거나 오븐 요리를 한 뒤에는 찌꺼기가 바닥에 눌어붙을 수 있으므로 세심하게 손질해두어야 한다.

아직 따뜻할 때 눌어붙은 찌꺼기를 집게나 금속 뒤집개, 전용 스크래퍼 등으로 떼어낸다. 주물 냄비는 다소 상처가 나도 큰 문제없다.

키친페이퍼나 행주 등으로 찌꺼기를 닦아낸다. 완전히 열이 식으면 깨끗이 닦기가 힘드므로 본체가 따뜻할 때 작업하는 것이 좋다.

뜨거운 물을 부어 수세미로 잘 닦는다. 온도가 내려가지 않도록 약한 불 위에서 하는 것도 좋다. 물기를 완전히 말린 뒤 올리브오일을 골고루 바른다.

숯의 종류를 알자

숯은 여러 종류가 있지만 그중에서도 대표적인 숯 3가지를 소개한다. 각각의 특징과 성질을 파악하여 200퍼센트 활용해보자.

바비큐나 더치오븐 요리에 꼭 필요한 것이 바로 숯이다. 그런데 도구는 최상급으로 좋은 제품을 선택하면서 정작 숯에는 신경 쓰지 않는 사람이 많다. 좋은 숯은 생선이나 고기의 잡내를 없애주며 한층 맛있게 구워준다. 더치오븐으로 요리할 때도 화력 조절이 쉽고 사용이 편리하다. 아직 익숙하지 않은 초보라면 유지 시간과 화력이 좋고 불이 잘 붙는 검탄이 편리하다. 재이용이 가능한 점을 고려한다면 가격도 합리적인 편이다.

백탄

원적외선 효과로 고기나 생선이 맛있게 구워진다

특히 식재료를 맛있게 굽고 싶은 바비큐 요리에 적합한 숯이다. 장작이나 검탄에 완전히 불을 붙이고 그 위에 백탄을 얹어 사용하는 '2차 착화' 과정이 필요하다. 다소 사용이 까다로운 숯이다.

검탄

불이 잘 붙고, 유지 시간도 적당하여 사용이 간편

크기가 거의 일정하기 때문에 화력을 조절하기에 편리하며, 특히 더치오븐 요리에는 환상의 궁합을 보여준다. 식재료를 맛있게 구워주어 바비큐 그릴에도 전천후로 활약하는 만능 숯이다.

열탄

가격이 저렴하여 부담 없이 사용하기에 좋다

톱밥을 압축가열 성형하여 만든 저렴한 숯이다. 특징은 백탄과 비슷하다. 제조회사에 따라 불이 유지되는 시간이나 연소된 뒤 재의 양이 다르므로 이 점을 잘 확인하는 것이 좋다.

숯 선택의 POINT

의외로 숯 선택을 가볍게 여기는 사람이 많다. 그러나 숯에 따라 착화 속도, 유지 시간이나 온도가 다르다는 점을 염두에 두고 상황에 맞는 숯을 사용하는 것이 중요하다. 양질의 숯을 원하는 사람이라면 검탄이 좋지만, 저렴한 숯도 상관없다면 매번 동일한 제품의 숯을 꾸준히 구입하는 것이 바람직하다. 야외처럼 환경 변화가 심한 장소에서는 숯의 성질에 익숙해야 다루기 편하고 조리도 안정적이다.

불 피우는 법

착화가 간편한 절탄과 불꽃이 잘 피어오르는 착화재를 사용하면 쉽게 불을 붙일 수 있다. 모양이 고른 숯을 미리 선별해놓는 것이 좋다.

착화재를 아래에 놓고 주위를 둘러싸듯이 숯을 놓는다. 그 위에 다시 블록을 쌓듯이 숯을 올려 3단 탑을 만든다.

착화재에 불을 붙이면 탑의 굴뚝 효과로 아래에서 공기를 빨아들여 불이 한층 잘 붙게 된다. 불꽃은 자연히 주변 숯으로 옮겨 서서히 착화한다.

절탄이라면 따로 부채 등으로 부치지 않아도 사진처럼 저절로 착화한다. 일단 착화가 되면 탑 모양을 해체하여 새로운 숯을 다시 위에 얹는다. 열탄이나 백탄이라면 이때 서서히 불이 옮아오도록 함께 놓아준다.

남은 숯은 재활용하자

숯이 다 타지 않고 그대로 모양이 남아 있다면 버리기가 아깝다. 불씨를 완전히 끈 뒤 잘 보관했다가 다음 캠핑에 사용할 수 있다.

남은 숯은 그릴이나 화로대에서 꺼내 철망 소쿠리로 옮기고, 아래에 스테인리스 용기를 받쳐준다.

물을 충분히 뿌려 완전히 불을 끈다(이때 뜨거운 증기가 뿜어져 나오므로 화상에 주의).

철망 소쿠리를 들어서 물을 빼고 아래의 물과 재는 버린다. 남은 숯은 완전히 말린 다음 재사용할 수 있다.

순수한 야채 맛에 마음까지 따뜻

순무와 브로콜리 포타주

⏱ 30분
🍴 삶기

[재료] (4인분)

순무(작은 것) ················· 5개
브로콜리 ······················ 1줄기
브이용 큐브 ··················· 1개
소금 ···························· 적당량
검은 통후추 ············· 기호에 따라

[만드는 법]

❶ 순무는 무청을 떼고 8등분하여 썰어 더치오븐에 넣는다. 순무가 잠길 정도의 물(분량 외)을 붓고 센 불에 삶는다.

❷ 브로콜리는 각각 줄기와 송이를 따로 나누어놓는다. 줄기 쪽과 브이용 큐브를 ❶에 넣어 중불에 올린다.

❸ 순무가 젓가락으로 잘릴 정도로 부드럽게 되면 잘 저어주면서 으깨고 브로콜리 송이를 넣는다. 소금으로 간을 맞추고 기호에 따라 통후추를 갈아 뿌린다.

깊은 맛에 푹 빠지다

비프토마토 수프

⏱ **30분** / 끓이기

더치오븐 레시피

[재료] (4인분)

- 쇠고기 우둔살 · · · · · · · · · · · · 200g
- 소금 · 적당량
- 검은 통후추 · · · · · · · · · · · · · 적당량
- 양파 · 1/2개
- 꼬투리강낭콩 · · · · · · · · · · · · 3개
- 버터 · 20g
- 양송이버섯 · · · · · · · · · · · · · · · 1팩
- 올리브오일 · · · · · · · · · · · · · · · 1큰술
- 브이용 큐브 · · · · · · · · · · · · · · 1개
- 토마토 통조림 · · · · · · · · · · · · 1개
- 잣 · · · · · · · · · · · · · · · · · 기호에 따라

[만드는 법]

1
쇠고기 우둔살은 한입 크기로 잘라 소금, 후추를 뿌려놓는다. 양파는 얇게 썰고, 꼬투리강낭콩은 꼭지를 뗀 뒤 약 2cm 길이로 자른다.

2
더치오븐을 중불에 올리고 버터를 녹인 뒤 쇠고기를 넣는다.

3
쇠고기가 적당히 익은 듯하면 양송이를 넣어 색이 날 때까지 볶은 뒤 일단 다른 용기에 담아둔다.

4
빈 더치오븐에 올리브오일을 두르고 중불에 올려 달군다. 양파를 넣고 투명해질 때까지 볶은 뒤 소금을 뿌린다.

5
❹에 ❸을 넣고 재료가 잠길 정도의 물(분량 외), 브이용 큐브를 넣어 센 불에 익힌다. 끓기 시작하면 중불로 줄이고 거품을 걷어낸다.

6
토마토 통조림을 넣어 약 15분간 끓인 뒤 마무리로 꼬투리강낭콩, 잣을 넣고 후추를 갈아 뿌려주면 완성.

바다의 향이 입안 가득 퍼진다!

바지락 크림 그라탕

40분
볶기 & 굽기

[재료] (4인분)

쇼트 파스타	150g
바지락	200g
새우	5마리
오징어	100g
소금	적당량
양파	큰 것 1개
피망	1개
양송이	5개
버터	30g
넛멕(육두구)*	약간
브이용 큐브	기호에 따라
밀가루	100g
우유	300㎖
피자용 치즈	적당량
빵가루	적당량

[만드는 법]

1 삶는 시간을 단축하기 위해 1시간 전에 미리 파스타를 물에 담가둔다(이렇게 하면 삶는 시간은 1분 정도면 된다. 파스타에 스며드는 물의 양이 정해져 있으므로 불 우려는 없다).

2 바지락은 바닥이 얕은 용기에 넣어 소금물에 담가 해감한다. 새우는 껍데기를 떼고 내장을 빼서 씻는다. 오징어는 한입 크기로 자른다. 각기 해산물에 소금을 뿌린다. 양파는 얇게 썰고, 피망은 5mm 두께로, 양송이는 절반을 자른다.

3 더치오븐을 중불에 올리고 버터, 양파, 양송이를 넣어 양파가 투명해질 때까지 볶은 뒤 새우와 오징어, 육두구를 넣어 익을 때까지 다시 볶아준다.

4 더치오븐의 재료가 잠길 정도로 물을 붓고 바지락을 넣은 뒤 한소끔 끓여준다. 진한 맛을 좋아한다면 브이용 큐브를 넣는다.

5 바지락이 입을 벌리면 껍데기를 떼어낸다.

6 보글보글 끓는 소리가 나면 불린 파스타의 물기를 뺀 뒤 냄비에 넣는다. 하얀색이 노랗게 변하면 익었다는 증거.

7 볼에 분량의 밀가루를 넣고 우유를 부어 거품기로 섞는다. 이것을 더치오븐에 조금씩 부어가며 섞어주면서 걸쭉하게 만든다.

8 치즈와 피망, 빵가루를 뿌린다. 뚜껑을 덮고 그 위에 숯을 12~15개가량 얹어서 그라탕 표면을 노릇하게 굽는다. 치즈가 녹고 빵가루가 맛있게 색이 올라오면 완성.

*넛멕 : 주로 카레 등에 사용되는 향신료. 양이 과하면 신체에 부작용이 생길 수 있으므로 주의할 것.

4 보기에도 깜찍, 한입에 쏘옥!
가지와 베이컨 오븐구이

⏱ **30분**
🍴 굽기

[재료] (4인분)

양파	1/2개
베이컨	2장
가지	4개
올리브오일	적당량
소금	적당량
내추럴 치즈	적당량
빵가루	적당량
검은 통후추	적당량

[만드는 법]

❶ 양파는 다지고, 베이컨은 채 썰고, 가지는 꼭지를 떼서 세로로 반을 자른다.

❷ 더치오븐에 올리브오일(100㎖)을 두르고 중불에 달궈, 가지가 기름을 흡수할 때까지 구워 가지의 잘린 단면 쪽에 소금을 뿌린 뒤 일단 꺼내놓는다.

❸ 작은 냄비에 양파, 베이컨, 올리브오일(1작은술)을 넣고 중불에 달궈 볶는다.

❹ 더치오븐 안에 이너 네트(석쇠)를 놓고 가지를 가지런히 올린다. ❸, 치즈, 빵가루 순으로 가지 위에 얹고 뚜껑을 덮는다.

❺ 뚜껑 위에 불이 붙은 숯을 12개가량 올려 노릇하게 색이 날 때까지 굽는다. 마지막에 통후추를 뿌려 낸다.

더치오븐 레시피

 부드러운 맛에 흠뻑 빠지다!

로스트포크

⏱ **40분**
🍴 굽기

[재료] (4인분)

- 감자 ··············· 2개
- 꼬투리강낭콩 ········ 10개
- 돼지 등심 ·········· 300g
- 소금 ··············· 적당량
- 검은 통후추 ········· 적당량
- 마늘 ··············· 1쪽
- 로즈메리 ············ 2줄기

[만드는 법]

1
감자는 4등분한다. 꼬투리강낭콩은 꼭지를 뗀다. 돼지 등심은 소금과 후추를 뿌리고 다진 마늘을 전체에 발라준다.

2
더치오븐 안에 이너 네트(석쇠)를 놓고 돼지 등심, 감자, 로즈메리를 가지런히 올린 뒤 감자에 소금을 뿌리고 뚜껑을 덮다.

3
숯을 화로대 아래쪽에 4개, 뚜껑 위에는 12개 올려놓고 20~30분가량 굽는다.

4
칼끝으로 고기를 찌르고 10초 정도 두었다가 아랫입술에 대어 본다. 따뜻하게 느껴지면 익었다는 증거. 꼬투리강낭콩도 석쇠 위에서 3분 정도 구워준다.

5
완성되면 잠시 그대로 두었다가 잘라서 그릇에 담는다. 통후추를 뿌린다. 감자와 꼬투리강낭콩, 로즈메리(분량 외)를 곁들인다. 간장양파소스가 잘 어울린다(※P.100 참조).

환상의 바다 맛!
어패류가 한가득 부야베스

30분 / 끓이기

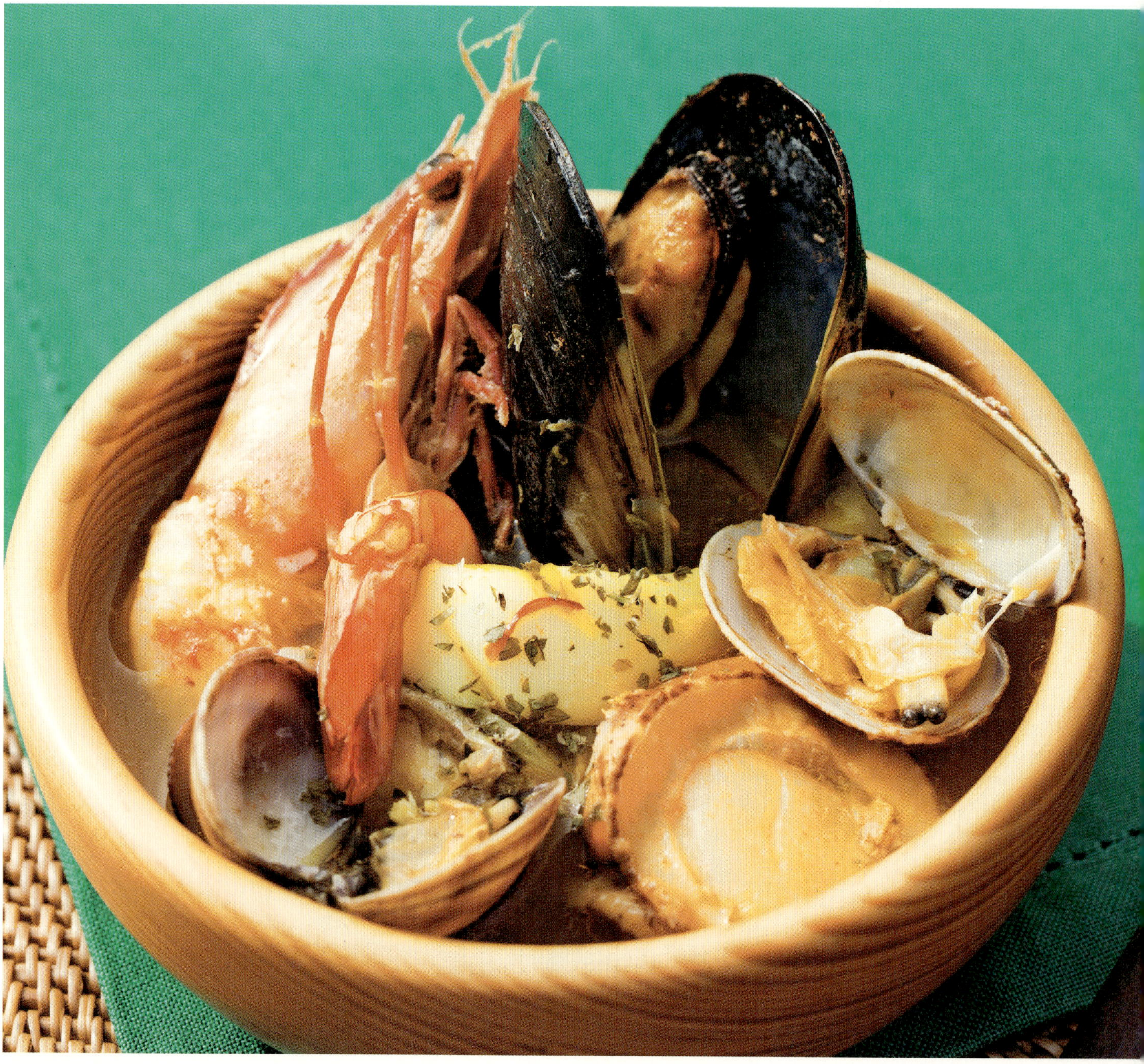

[재료] (4인분)

- 새우 · 4마리
- 바지락 · · · · · · · · · · · · · · · · 1팩(200g)
- 오징어 · 150g
- 도미살 · 2조각
- 관자(익힌 것) · · · · · · · · · · · · · · · · 4개
- 소금 · 적당량
- 홍합 · 5~6개
- 양파 · 1/2개
- 올리브오일 · · · · · · · · · · · · · · · · · 2큰술
- 사프란 · 조금

[만드는 법]

1
새우는 긴 수염 등을 떼어내고 껍데기를 벗긴 뒤 내장을 제거한다. 바지락은 해감해놓는다. 오징어와 도미살은 먹기 좋은 크기로 자른다.

2
새우, 오징어, 도미, 관자에 골고루 소금을 충분히 뿌린다.

3
홍합은 껍데기의 불순물을 제거하고 수염 등을 떼어낸 뒤 소금물에 담가둔다.

4
양파를 총총 썰어 올리브오일과 함께 냄비에 넣어 중불에 투명해질 때까지 볶는다.

5
600㎖의 물, 사프란을 넣고 끓이다 손질한 어패류를 가지런히 올려 약 10분가량 익힌다(토마토를 넣어도 맛있다).

6
맛을 봐가면서 소금 등으로 간을 맞추면 완성.

 군침 돌게 하는 고소한 밥 냄새

닭가슴살 버섯밥

⏱ 30분
🍴 끓이기

[재료] (4인분)

쌀	240g
잎새버섯	1팩
실파	2대
유자 껍질	조금
닭가슴살	2조각
소금	적당량
시로다시*	3큰술
흰깨	기호에 따라

*시로다시 : 가다랑어포, 다시마, 버섯 등으로 맛을 낸 베이스에 연한 맛간장, 설탕, 미림 등으로 조미한 시판하는 양념. 인터넷에서 수입 판매하고 있으나, 없는 경우 기호에 맞는 연한 맛국물로 대체한다.

[만드는 법]

1
쌀은 2~3회 씻은 뒤 물에 30분간 불려둔다. 잎새버섯은 손으로 찢어놓는다. 실파와 유자 껍질은 잘게 다진다. 닭가슴살은 소금을 뿌려둔다.

2
쌀은 물을 버리고 더치오븐에 담는다. 쌀과 동량의 물, 시로다시, 잎새버섯, 닭가슴살을 가지런히 놓고 뚜껑을 덮어 센 불에 올린다.

3
끓어오르면 중약불로 줄이고 7~8분 뒤 쌀의 형태가 선명해지면 약한 불로 줄인다. 표면에 수분이 보이지 않으면 불을 끄고 10분 정도 뜸을 들인다. 추운 동절기에는 5분 정도면 된다.

4
밥이 지어지면 닭고기를 손으로 찢어주고 주걱으로 전체적으로 툭툭 잘라주는 느낌으로 섞는다 (※뜨거우므로 주의).

5
실파와 유자 껍질, 기호에 따라 흰깨를 위에 뿌려준다.

순한 국물과 돼지고기가 의외의 궁합!

돼지 삼겹살 두유 샤부샤부

30분
끓이기

[재료] (4인분)

- 시로다시 …………………… 100㎖
- 두유 ………………………… 700㎖
- 두부 ……………………………… 2모
- 시금치 …………………………… 1다발
- 돼지 삼겹살 …………………… 400g
- 팽이버섯 ………………………… 1다발
- 대파 ……………………………… 1대
- 실파 ……………………………… 1대
- 흰깨(간 것) …………………… 적당량
- 기호에 맞는 폰스 ……………… 적당량
- 생면(두꺼운 타입) …………… 1봉지
- 달걀 ……………………………… 1개

[만드는 법]

1
냄비에 시로다시, 두유를 넣고 중불에 올린다.

2
두부, 시금치, 삼겹살을 먹기 좋은 크기로 자르고, 팽이버섯은 밑동을 잘라 잘게 나눠둔다. 대파는 어슷하게 썬다. 준비된 재료를 냄비에 담아 중불에 끓인다.

3
개인 그릇에 각각 실파, 흰깨(간 것), 폰스를 넣는다. 냄비의 재료들이 끓어서 익으면 꺼내 소스에 찍어 먹는다. 그 외 각자 좋아하는 재료를 넣어 먹어도 좋다.

4
건더기를 모두 건져 먹은 다음 생면을 넣어 잘 섞어가며 익힌다. 달걀을 흰자와 노른자로 나누어 흰자를 먼저 넣어 풀어준 뒤 노른자를 위에 얹으면 완성.

고기와 양파의 맛이 제대로!

볼로네제

[재료] (4인분)

쇠고기 우둔살 · · · · · · · · · · · · · · · · 300g
양파(큰 것) · 1개
소금 · 적당량
검은 통후추 · · · · · · · · · · · · · · · · · · · 적당량
마늘 · 1쪽
레드와인 · 300㎖
올리브오일 · · · · · · · · · · · · · · · · · · · 2큰술
로즈메리 · 2줄기
토마토 통조림 · · · · · · · · · · · · · · · · · · 1개
말린 월계수 잎 · · · · · · · · · · · · · · · · · 2장
파스타 · 4인분

[만드는 법]

①
쇠고기 우둔살, 양파를 잘게 다진다. 고기에는 소금과 후추를 뿌린다. 마늘은 꼭지를 떼서 으깬다. 레드와인을 작은 냄비에 붓고 중불에 데워 반으로 줄 때까지 조린다.

②
더치오븐을 중불에 달구고 올리브오일(1큰술), 마늘, 쇠고기 우둔살, 로즈메리(1줄기)를 넣어 고기 색이 변할 때까지 충분히 볶는다.

③
레드와인을 조린 냄비에 ②의 쇠고기를 넣는다.

④
더치오븐에 다진 양파를 넣고 투명하게 될 때까지 볶는다.

⑤
④에 토마토 통조림을 넣는다.

⑥
남은 로즈메리와 말린 월계수 잎을 넣는다.

⑦
조린 레드와인과 쇠고기를 ⑥에 넣는다.

⑧
약한 불에 30분 이상 조리면 소스 완성. 토마토의 신맛도 한층 가시고 부드러워진다.

⑨
삶은 파스타 위에 얹어 잘 버무려준다.

더치오븐 레시피

POINT

파스타를 요리 시작 1시간 30분 전에 미리 물에 불려 삶는 시간을 단축하는 것을 '원 미닛 파스타(one minute pasta)'라고 한다. 이렇게 하면 삶는 시간을 1분 정도로 줄일 수 있어 물과 가스가 절약된다. 한편 삶아낸 면이 너무 짠 것 같으면 뜨거운 물에 바로 넣었다 뺀 뒤 소스에 버무린다.

언제나 틀림없는 올리브와 토마토의 조화

닭고기와 올리브 토마토 조림

⏱ **40분**

🍴 조리기

[재료] (4인분)

양파(작은 것)	1개
마늘	1쪽
닭다리살	2조각(약 600g)
소금	적당량
올리브오일	2큰술
토마토 통조림	1개
올리브	6개
말린 월계수 잎	1장
검은 통후추	기호에 따라

[만드는 법]

1
양파는 8등분하여 자르고, 마늘은 으깬다. 닭고기는 4등분하여 잘라 소금을 전체적으로 뿌린다.

2
더치오븐에 올리브오일과 닭고기를 넣어 중불에 노릇하게 될 때까지 볶아준다. 마늘, 양파를 넣어 계속 볶는다.

3
토마토 통조림을 넣는다. 빈 통조림 용기에 물 100㎖(분량 외)를 넣어 잘 저은 다음 냄비에 붓는다.

4
올리브와 월계수 잎을 넣고 센 불에 조린다. 끓어오르면 약한 불로 줄여 20분 정도 더 둔다. 통후추를 뿌리면 완성.

※기호에 따라 삶은 쇼트 파스타와 어린잎채소를 곁들이면 더욱 좋다.

신선한 맛! 입안에서 스르륵 녹는다

우설조림

[재료] (4인분)

우설	1덩이(약 1.2kg)
소금	적당량
검은 통후추	적당량
양파	1개
레드와인	350㎖
올리브오일	1큰술
데미그라스소스(시판용)	1캔

 90분 / 조리기

더치오븐 레시피

[만드는 법]

❶
우설을 자른다. 중심 부분의 흰 부위는 우설스테이크(P.95 참조)를 한다. 나머지 뿌리 쪽, 아래쪽은 한입 크기로 썬다. 불필요한 지방과 힘줄은 제거한다. 양끝 쪽의 붉은 부위를 2cm 두께로 잘라 소금, 후추를 넉넉히 뿌린다. 양파는 빗모양썰기로 8등분한다.

❷
레드와인을 더치오븐에 붓고 중불에 달궈 반 정도로 줄 때까지 조린다.

❸
레드와인을 일단 다른 그릇에 옮기고, 같은 더치오븐에 올리브오일을 둘러 중불에 달군 뒤 우설을 굽는다.

❹
노릇하게 구워지면 양파를 넣고 재료가 잠길 정도로 물(분량 외)을 부어 센 불에 익힌다. 끓어오르면 약한 불로 줄이고 거품을 제거하여 40분가량 더 조린다.

❺
❸의 레드와인, 데미그라스소스를 넣어 잘 섞은 다음 20~30분 더 조린다.

12 임팩트 최고! 남녀노소 최고 인기 메뉴

촉촉한 로스트치킨

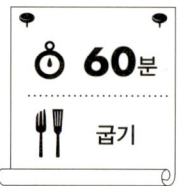

60분

굽기

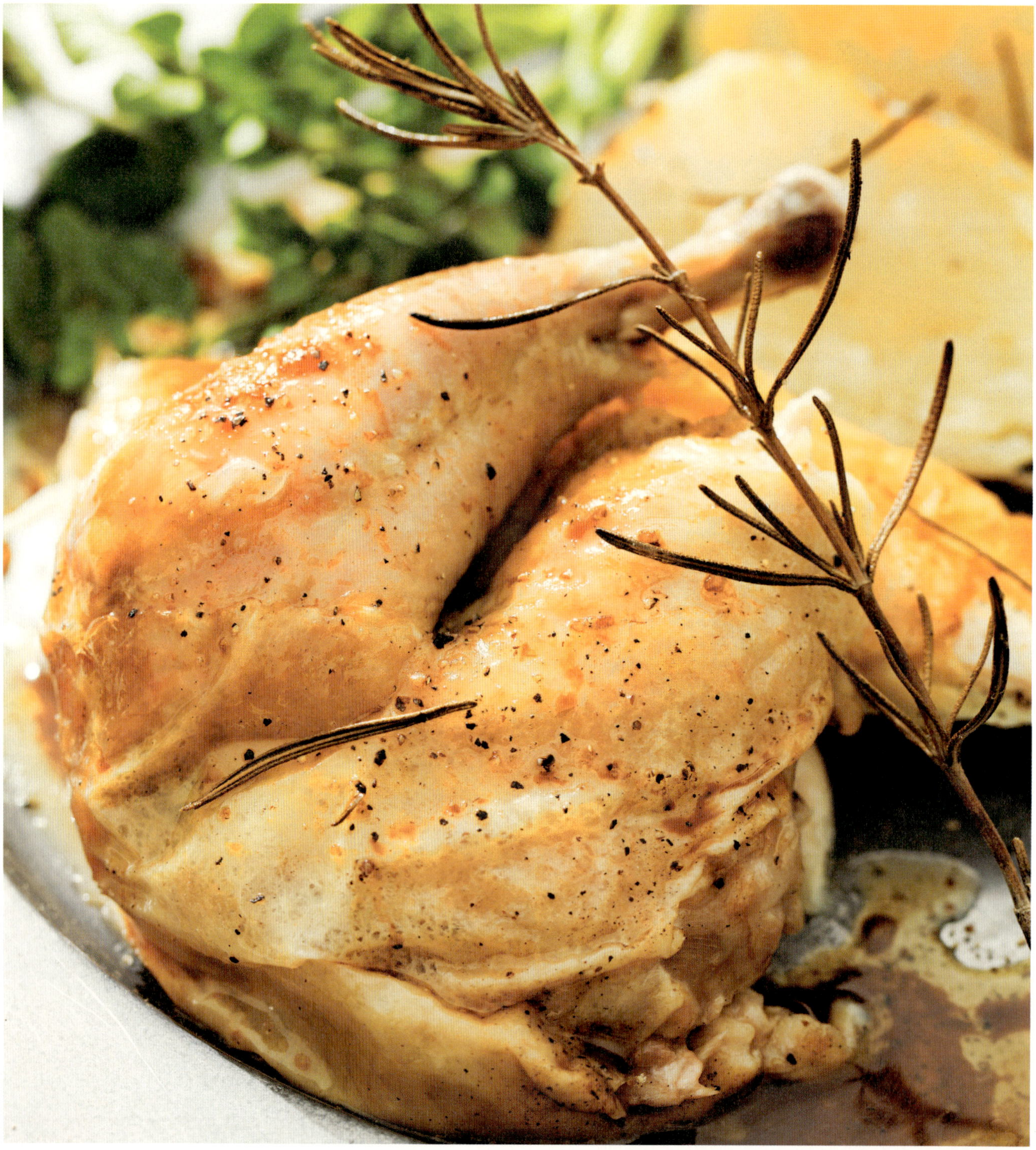

[재료] (만들기 쉬운 분량)

닭(통째) ····································· 1마리
소금 ·· 적당량
검은 통후추 ······························· 적당량
마늘 ·· 1쪽
로즈메리 ··································· 4줄기
감자 ·· 4개

[만드는 법]

1
닭고기 안에 소금, 통후추를 충분히 뿌려주고 마늘을 다져 속에 바른다. 로즈메리 2줄기를 넣어 향을 낸다. 감자는 잘 씻는다.

2
닭고기 위에 전체적으로 소금을 뿌린다.

3
더치오븐 안에 석쇠를 놓고 닭고기, 감자, 로즈메리 2줄기를 넣어 뚜껑을 덮는다.

4
숯을 아래쪽에 4~5개, 뚜껑 위에 15개 정도 올려 굽는다.

5
10분 후 닭고기가 구워진 상태를 본다. 닭고기 겉껍질에 전체적으로 열이 잘 전달되는지 확인한다.

6
구워진 색이 일정하지 않은 경우 숯의 위치를 바꿔가며 불을 조절한다.

7
30분 정도 더 구워 속까지 완전히 익으면 닭고기를 꺼내 자른다. 닭다리를 자르고 날개를 떼어낸다.

8
다음으로 몸통 중심에 칼을 넣어 반으로 자른다. 소스는 간장양파소스가 잘 어울린다. 더치오븐 바닥 쪽에 육즙이 있으면 소스에 함께 섞어서 낼 것. 맛이 한층 더 좋아진다(소스는 P.100 참조).

더치오븐 레시피

13 기운 나게 만드는 고기 요리의 대명사!

로스트비프

45분
굽기

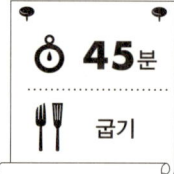

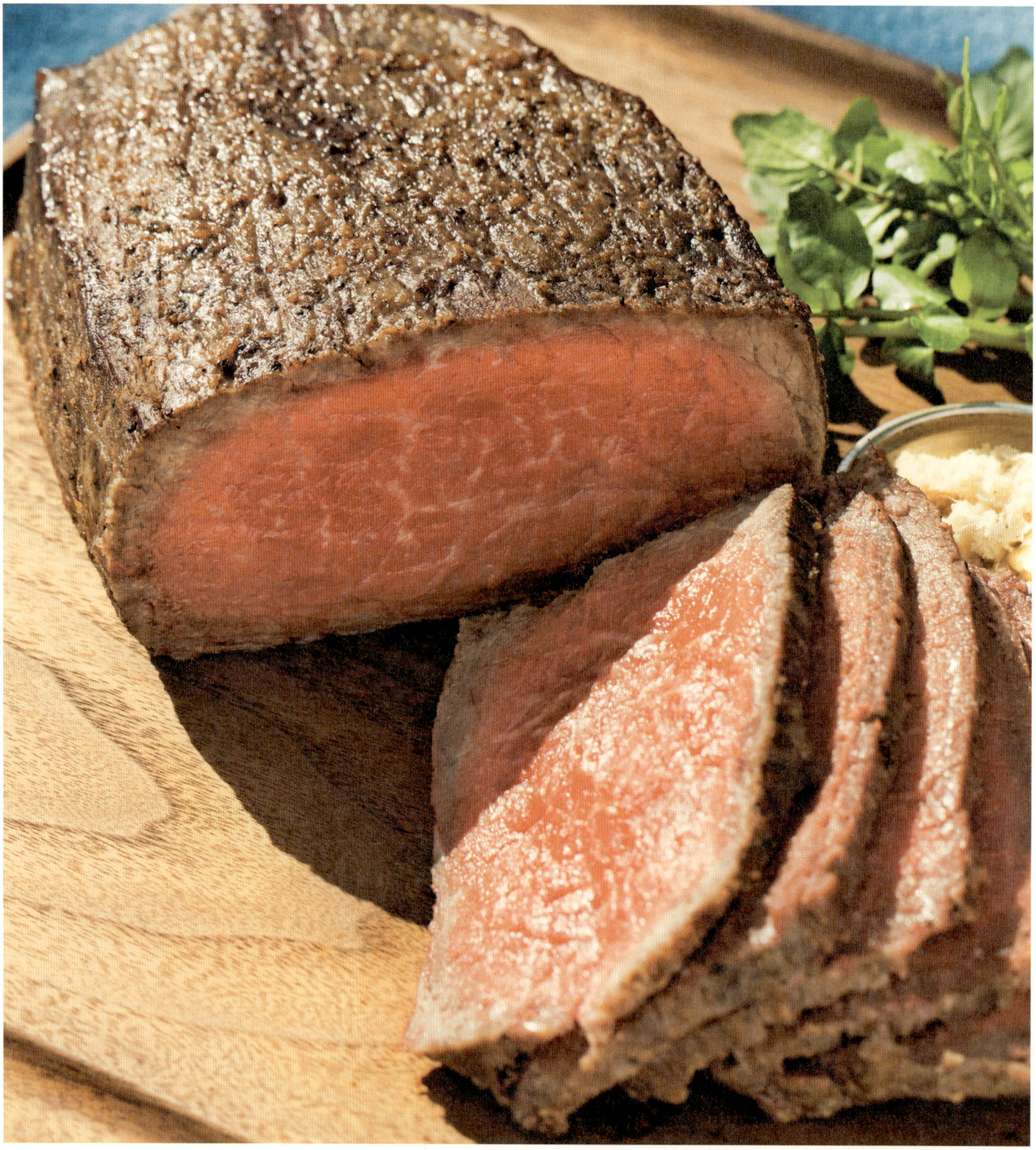

[재료] (만들기 쉬운 분량)

쇠고기 우둔살 ······················ 800g
소금 ································ 적당량
검은 통후추 ························ 적당량
마늘 ··································· 1쪽
양고추냉이 ··················· 기호에 따라
크레송 ························ 기호에 따라

[만드는 법]

1
쇠고기는 상온에 두어 녹인다. 쇠고기에 소금, 통후추를 뿌린다.

2
쇠고기에 다진 마늘을 전체적으로 발라준다.

3
더치오븐에 이너 네트(석쇠)를 놓고 쇠고기를 올린 뒤 뚜껑을 닫는다. 더치오븐 아래쪽에 숯불을 4개, 위에는 12개 정도 얹어 고기를 굽는다.

4
10분 정도 지난 뒤 고기 표면이 전체적으로 구워졌는지 확인한다. 골고루 익지 않았다면 숯의 위치와 위아래 개수를 조정한다.

5
계절이나 화력에 따라 달라지지만 20~30분 정도 되면 구워진다. 중간에 고기 속의 온도를 확인해볼 것. 쇠꼬치나 칼을 고기 중심에 찔러 10초 정도 두었다가 꺼낸 뒤 손등에 살짝 대본다. 차가우면 덜 구워진 것이고, 뜨거우면 너무 구워진 것이다. 미지근한 정도가 최적. 고기용 온도계로는 60~70℃가 베스트다.

6
고기를 꺼내 그릇에 담고 양고추냉이를 갈고 크레송을 함께 낸다. 간장과 양고추냉이의 조합도 좋고, 간장양파소스나 프레시 토마토소스와 곁들여도 잘 어울린다(소스는 P.100 참조).

삼각대에 더치오븐을 걸면 아래쪽 숯의 화력 조절이 한결 편리하다.

마음을 위로하는 소울 푸드

갓 지은 밥

⏱ 45분
🍴 끓이기

[재료] (4인분)

쌀 ································ 240g

POINT
쌀은 씻을수록 영양분이 손실되므로 정미된 쌀은 박박 문지르지 말고 가볍게 물로 가시는 정도가 좋다.

[만드는 법]

① 쌀을 큰 그릇에 담아 2~3회 가볍게 씻어 물에 30분 정도 담가 둔다(환경 변화가 심한 야외에서는 충분히 물에 불리는 것이 좋다).

② 물을 일단 버리고 더치오븐에 쌀을 담고 600㎖의 물을 붓는다. 좋아하는 밥의 상태에 따라 물의 양을 조절한다.

③ 장작이 활활 타오르도록 불을 피운다. ❷의 뚜껑을 덮고 불 위에 올린다. 바람의 방향에 따라 더치오븐의 위치를 조절한다. 버너의 경우에는 밥물이 끓어오를 때까지 센 불에 둔다.

④ 끓어오르면 아래 불길을 정리하여 중불로 한 뒤 약 7분가량 더 끓인다. 뚜껑을 열어보아 밥알이 탱글탱글 보이기 시작하면 불을 다시 정리하여 약한 불로 한다. 바람이 강할 때는 밥이 지어지는 상태를 봐가면서 화력을 조절한다.

⑤ 밥알에서 수분이 보이지 않게 되면 불에서 꺼내 10분 정도 뜸을 들인다. 추운 겨울에는 금방 식어버리므로 뜸 들이는 시간을 5분 정도로 짧게 한다.

⑮ 〈심야식당〉의 기본 메뉴
일본식 된장국 돈지루

⏱ **30분**
🍴 끓이기

[재료] (4인분)

무(작은 것)	1/4개
당근(작은 것)	1개
우엉	1/2개
생강	1쪽
돼지 삼겹살	150g
샐러드유	1큰술
곤약	150g
시로다시(P.64 참조)	1큰술
대파	1/2대
된장	50~60g
미나리	1줄기

[만드는 법]

더치오븐 레시피

❶
무, 당근은 껍질을 벗기고, 우엉은 잘 씻는다. 각기 작게 마구썰기한다. 생강은 잘게 다진다. 돼지 삼겹살은 두툼하게 직사각형으로 썬다. 곤약은 먹기 좋은 크기로 잘라놓는다.

❷
더치오븐을 중불에 올려 달군 뒤 샐러드유, 돼지 삼겹살을 넣고 갈색이 날 때까지 볶은 뒤 생강을 넣고 더 볶는다.

❸
준비해놓은 야채를 함께 넣어 볶다가 곤약과 재료가 잠길 정도의 물(분량 외), 시로다시를 넣어 20분 정도 끓인다.

❹
대파를 어슷 썰어 넣고 된장을 풀어 넣는다. 된장은 간을 봐가면서 조금씩 가감할 것.

❺
그릇에 담고 미나리를 잘라 위에 얹으면 완성. 기호에 따라 두부나 버섯을 재료에 넣어도 좋다.

16 진한 카레 향과 고기의 감칠맛이 환상

진한 비프카레

90분

조리기

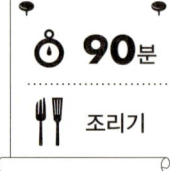

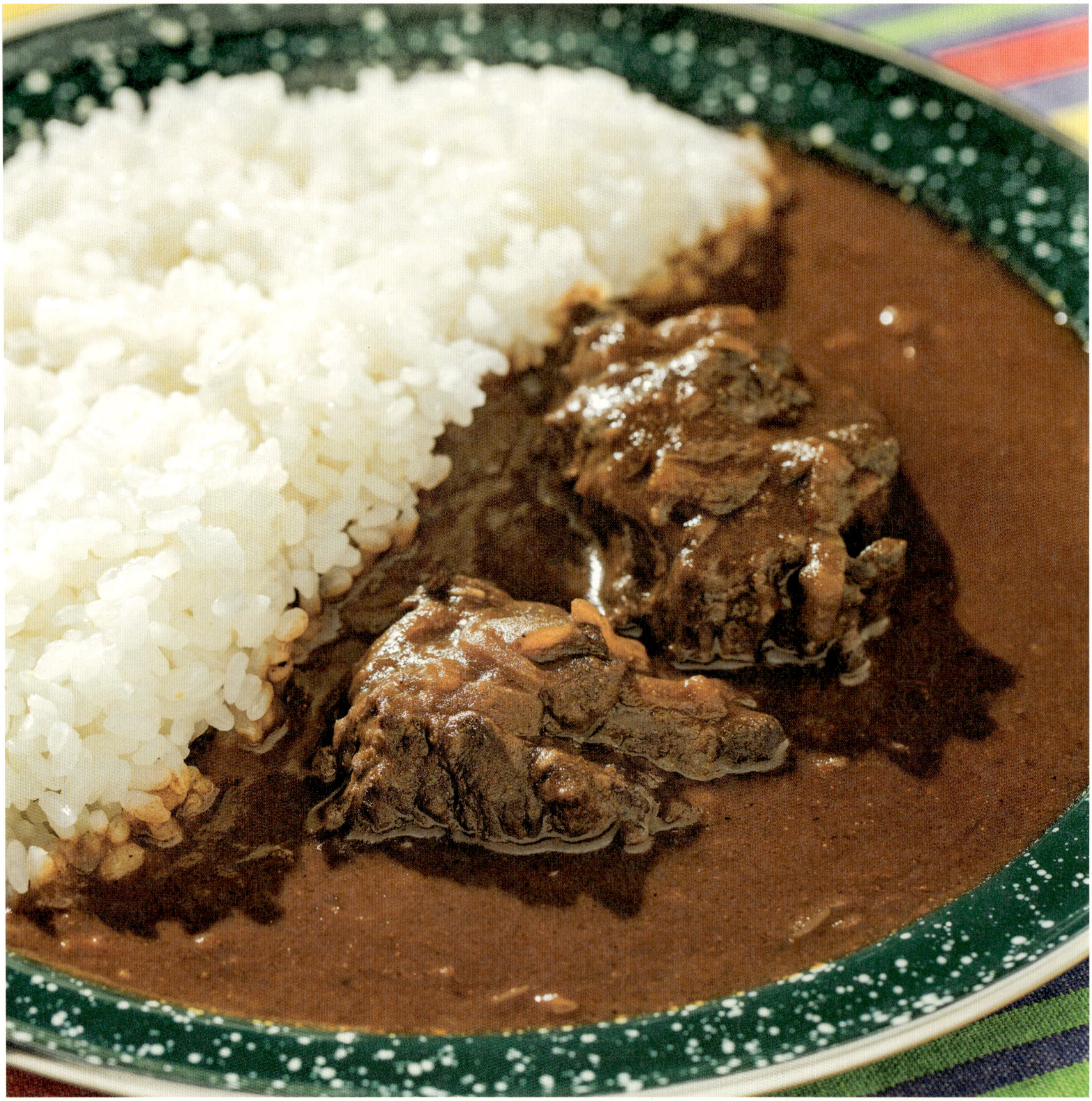

[재료] (4인분)

쇠고기 안심	400g
양파	3개
소금	적당량
검은 통후추	적당량
마늘	10g
생강	10g
버터	40g
레드와인	1/2컵
밀가루	70g
카레가루	40g
데미그라스소스(시판용)	1캔
토마토 페이스트	2큰술
브이용 큐브	기호에 따라

[만드는 법]

1
쇠고기 안심을 한입 큼직한 크기로 자르고, 양파는 얇게 저며놓는다.

2
쇠고기에 소금, 후추를 충분히 뿌린다.

3
마늘, 생강은 다진다.

4
더치오븐을 중불에 올리고 버터(20g), 고기를 넣어 노릇하게 색이 날 때까지 양면을 구워 일단 꺼내놓는다.

5
남은 버터, 양파를 넣고 타지 않게 잘 볶는다. 양파가 투명하게 되면 마늘, 생강을 넣고 더 볶다가 레드와인을 넣는다.

6
여기에 ❹의 고기를 넣고 재료가 잠길 정도의 물(분량 외)을 붓는다. 센 불에 올려 끓어오르면 약한 불로 줄인 뒤 1시간가량 조린다.

7
별도의 냄비에 밀가루를 넣고 타지 않도록 중불에서 잘 저어주며 갈색이 날 때까지 볶다가 카레가루를 넣고 약 1분가량 더 볶은 뒤 불을 끈다.

8
❼에 ❻의 육수를 조금씩 넣어가며 섞어 페이스트 상태로 만든다. 데미그라스소스, 토마토 페이스트를 넣고 잘 저어가며 섞어준다.

9
❻에 ❽을 넣어 약 30분간 더 조린다. 기호에 따라 브이용 큐브, 소금을 넣어 맛을 낸다. 마지막에 통후추를 뿌려준다.

POINT

쇠고기를 조릴 때 몇 차례 거품을 걷어내는 것이 맛의 포인트.

더치오븐 레시피

[재료] (4인분)

- 양파 …………………………… 1개
- 셀러리 ………………………… 1/2줄기
- 돼지 삼겹살 …………………… 150g
- 베이컨 ………………………… 100g
- 소금 …………………………… 적당량
- 홀토마토 통조림 ……………… 1개
- 올리브오일 …………………… 1큰술
- 붉은 강낭콩 통조림 …………… 1개
- 흰 강낭콩 통조림 ……………… 1개
- 검은 통후추 …………… 기호에 따라

[만드는 법]

1
양파, 셀러리는 각기 잘게 썬다. 돼지 삼겹살, 베이컨은 길쭉하게 썰고, 삼겹살에는 소금을 뿌려둔다. 볼에 홀토마토 통조림을 담아 손으로 잘게 으깬다.

2
더치오븐을 중불에 올려 올리브오일, 돼지 삼겹살을 넣고 노릇하게 색이 변할 때까지 잘 볶는다.

3
베이컨을 넣고, 양파, 셀러리를 넣은 뒤 양파가 투명해질 때까지 계속 볶는다.

4
흰 강낭콩, 붉은 강낭콩을 넣는다.

5
으깬 토마토를 넣고 약한 불에 30분 정도 조린다. 중간중간 거품을 걷어내고 소금, 후추로 맛을 내면 완성. 칠리 시즈닝을 첨가하면 칠리빈으로 즐길 수 있다.

⏱ **60분**
볶기 & 조리기

17 영양 만점! 집에서도 생각나는 맛

감칠맛 나는 포크빈스

18 바삭바삭 생지와 바나나에 행복 미소

바나나초코 크럼블

[재료] (26×13cm 틀 1개분)

밀가루	100g
설탕	30g
버터	50g
바나나	3개
생블루베리	적당량
초코칩	기호에 따라
마스카르포네 치즈	기호에 따라

⏱ **40분**
🍴 굽기

[만드는 법]

큰 볼에 밀가루와 설탕, 1cm 사각형으로 자른 버터를 넣는다. 전체가 하나로 뭉쳐질 때까지 반죽한다.

바나나를 마구썰기하여, 절반 분량을 내열이 되는 빵 틀에 넣는다. ❶의 생지 1/2가량을 넣고 생블루베리의 절반 분량을 뿌려준다. 이를 똑같이 한 번 더 반복한다. 기호에 따라 초코칩을 함께 뿌려주어도 좋다.

더치오븐에 이너 네트(석쇠)를 올리고 그 위에 빵 틀을 놓은 뒤 뚜껑을 닫는다. 아래에 숯을 4~5개, 뚜껑 위에 12~15개 정도를 올려놓고 중간에 상태를 봐가면서 15~20분가량 굽는다.

❹

그릇에 담아 마스카르포네 치즈를 함께 곁들여 낸다.

STEP 3 더치오븐 레시피

더치오븐 카탈로그

이제는 더치오븐 요리가 캠핑의 기본이 되는 추세다. 전통적인 무쇠로 만든 제품부터 관리가 편리하게 고안된 제품, 가정에서도 사용하기 쉽게 만든 제품 등 더치오븐의 종류도 다양해졌다.

캠핑 요리에 빠질 수 없는 도구

더치오븐은 말하자면 무쇠로 만든 냄비다. 다리가 있는 제품이라면 숯불 위에 바로 올려놓을 수 있고, 가장자리 턱을 높게 만든 뚜껑 위에 숯을 얹어 오븐처럼 활용할 수 있다.

원래는 무쇠가 기본이지만 최근에는 에나멜 코팅이 된 제품이나, 철과 스테인리스를 프레스 가공하여 관리하기 편하도록 만든 제품도 출시되고 있다. 각기 특징이 있지만, 무쇠로 만든 냄비라는 것이 핵심이다. 가장 큰 장점은 뛰어난 열전도성과 높은 축열성이다. 냄비 전체가 균일하게 데워지고 장시간 열을 보존하므로 각 요리 재료마다 열이 제대로 전달된다. 덕분에 한 번 사용해본 사람이라면 누구나 그 매력에 푹 빠지게 된다. 더치오븐에 구운 로스트치킨은 껍질은 바삭, 살코기는 촉촉, 그 어디에서도 맛볼 수 없는 일품이다. 요리의 맛을 살려주어 누구나 캠핑 요리의 달인으로 만들어준다.

LODGE / 캠프오븐 10인치

더치오븐의 대명사 롯지의 스테디 아이템. 큰 것부터 작은 것까지 다양한 사이즈가 있다. 4인 가족이 사용하기에는 10인치가 알맞다. 더치오븐 입문자에게 많이 추천하는 제품.

사이즈 : 안지름 25×깊이 8.6cm
중량 : 6.6kg
재질 : 무쇠

처음 더치오븐에 입문하는 사람에게 추천

SOTO / 스테인리스 더치오븐 10인치

부식에 강한 스테인리스 더치오븐으로, 관리가 간편한 것이 특징이다. 기름을 사용하지 않는 수프와 밥에는 그야말로 최적. 본체는 무쇠가 아니라 한 장의 강판을 스피닝 가공하기 때문에 충격에도 강하다.

사이즈 : 25.9×25.9×11.5cm
중량 : 5.2kg
재질 : 스테인리스

관리가 간편한 스테인리스 타입

UNIFLAME / 더치오븐 10인치 슈퍼딥

흑피철판으로 만든 더치오븐. 흑피란 철을 가열하여 압연할 때 생기는 산화피막으로, 녹이 슬지 않고 표면에 미세한 돌기가 있어서 기름이 잘 스며든다. 갑작스러운 가열이나 급냉에 강한 점도 캠핑족에게 높은 평가를 받고 있다.

사이즈 : 안지름 26×깊이 11cm
중량 : 5.8kg
재질 : (본체) 흑피철판 4.5mm 두꺼운 클리어래커 도장. (손잡이걸이·부속품) 스테인리스강

깊이가 있어 요리의 폭을 한층 넓혀준다

CATALOG

커플이 사용하기에 딱!

SNOWPEAK/
콤보 더치 듀오

두께가 매우 얇은 주물로, 비슷한 크기의 제품에 비해 한결 가볍고 다루기도 편하다. 2인용의 활용도가 높은 사이즈이며, 작은 플레이트는 그라탕 접시처럼 다른 더치오븐 안에 넣어서 이용할 수도 있다.

세트 구성 : 뚜껑×1, 스킬렛×1, 포트×1, 플레이트×2, 손잡이×2, 수납 케이스
사이즈 : (뚜껑) 지름 164×높이 39mm, (스킬렛) 지름 168×높이 47.5mm, (포트) 지름 172×높이 101mm, (플레이트) 지름 168×높이 40mm, (핸들) 너비 30×깊이 120×높이 9mm ※돌기 부분 포함하지 않음
중량 : 3.9kg(뚜껑 / 0.5kg, 스킬렛 / 0.7kg, 포트 / 1.2kg, 플레이트 /0.6kg, 핸들 / 0.1kg)
재질 : (본체) 덕타일 주철(내열 실리콘 도장), (손잡이걸이) 스테인리스, (수납 케이스) 10호 캔버스

LODGE/
컬러 에나멜 더치오븐 9 3/4인치

무쇠에 에나멜 코팅을 한 타입. 무쇠가 가진 뛰어난 열전도성과 높은 축열성에 더해 이중 유리 코팅으로 잘 눌어붙지 않는 장점이 추가되었다. 관리하기 손쉬워서 가정의 주방에서도 환영받는다.

사이즈 : 안지름 25cm
중량 : 5kg
재질 : 무쇠 법랑

눌어붙지 않는 코팅 타입

편리하게 사용하기 좋은 사이즈

LODGE/
로직 서빙 포트

뚜껑이 딸려 있는 앙증맞은 크기의 양수 냄비는 사이드 디시나 튀김을 만들 때 편리하다. 양손으로 단단히 집을 수 있어 사용하기에 좋다. 인덕션 히팅(IH)이 가능해 가정의 주방에서부터 캠핑까지 활용 범위가 넓다.

사이즈 : 안지름 20×깊이 7cm
중량 : 3.4kg
재질 : 무쇠

바비큐 레시피

캠핑이라고 하면 역시 불 위에서 그윽하게 익어가는 그릴 요리가 정석. 호사스러운 스테이크 요리도 좋고, 여기에 소스를 발라 별미로 즐겨도 행복하다.

1. 색색의 그릴 야채샐러드 ····················· 086
2. 구운 가지와 토마토 치즈 샌드 ············· 087
3. 아시안소스에 곁들인 흰살 생선 소테 ····· 088
4. 삼나무 연어구이 ······························· 089
5. 도미 포일구이 ·································· 089
6. 촉촉한 치킨티카 ······························· 090
7. 생강데리야키 포크립 ·························· 090

8	프레시 레몬소스를 얹은 돼지 삼겹살 꼬치	091
9	사프란소스를 곁들인 새우 가리비 구이	092
10	칠리소스를 얹은 새우그릴	093
11	갈릭 베이컨 버터소스를 얹은 닭다리스테이크	094
12	두툼한 우설스테이크	095
13	라이트 스모크 등심스테이크	096

DESSERT

| 14 | 어른을 위한 사과구이 | 097 |
| 15 | 파인애플그릴 | 098 |

OUTDOOR GEAR

그릴 사용법과 특징

캠핑 하면 바비큐를 빼놓을 수 없다!
숯을 이용한 화력 조절과 적절한 통풍법 등을 연구하는 것도 그릴의 묘미 중 하나.

캠핑에서 최고 인기는 역시 바비큐 요리. 바비큐 요리를 즐길 수 있는 그릴은 저렴한 것에서부터 오래 사용할 수 있는 튼튼한 고가의 제품까지 종류가 다양하다. 본체가 스테인리스나 법랑으로 만들어진 것은 부식이 잘 생기지 않고 뒷정리하기에도 간편하다.

그릴에서 가장 중요한 망은 두꺼운 스테인리스나 주물로 만들어진 것이 굽기 좋고 견고하다. 여기에 숯을 놓는 바닥에 공기가 잘 유입되어 열효율이 좋은 것을 선택해야 한다. 뚜껑이 있으면 한층 다양한 요리를 즐길 수 있으므로 함께 구입할 것을 추천한다.

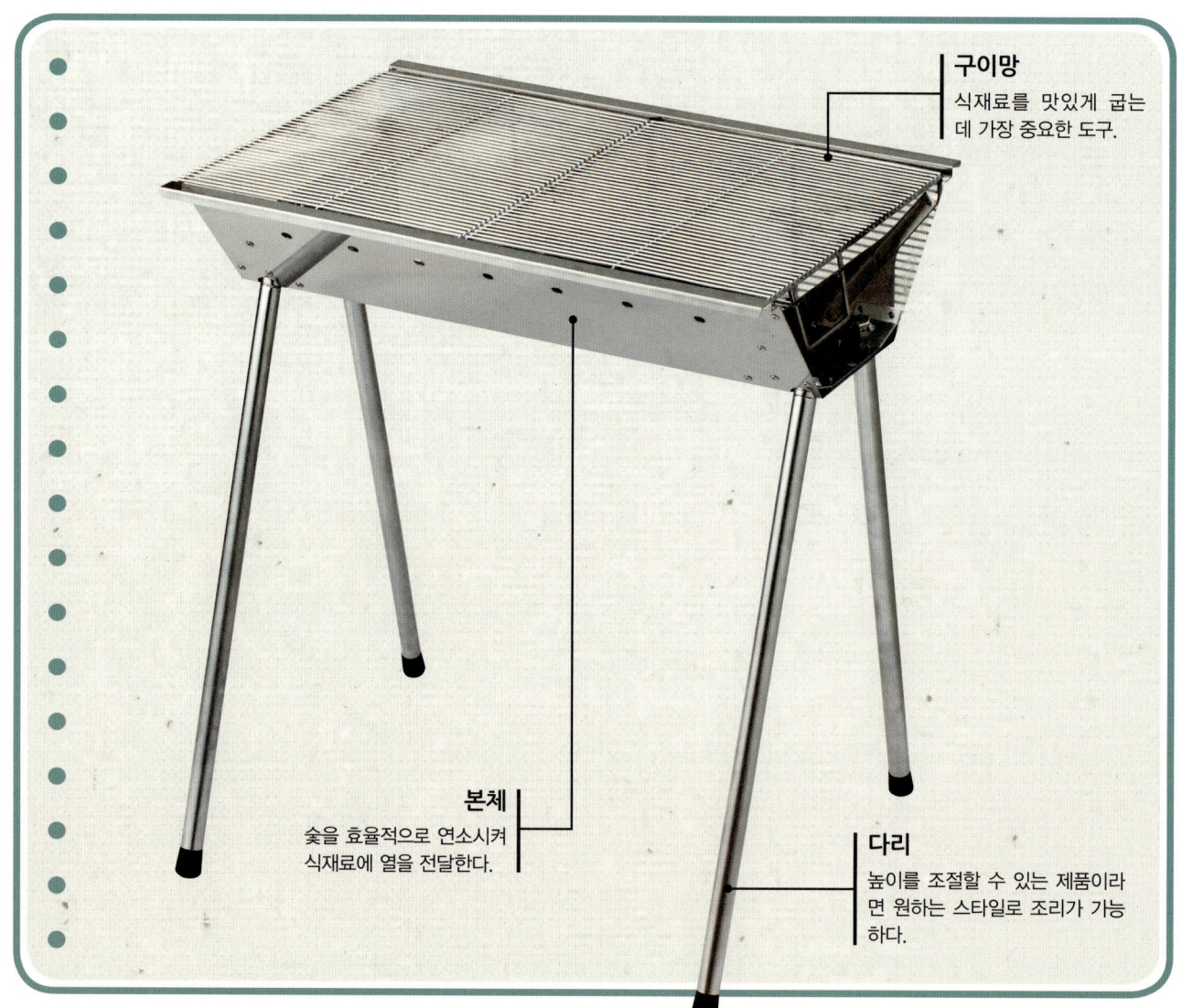

구이망
식재료를 맛있게 굽는 데 가장 중요한 도구.

본체
숯을 효율적으로 연소시켜 식재료에 열을 전달한다.

다리
높이를 조절할 수 있는 제품이라면 원하는 스타일로 조리가 가능하다.

화력 조절 방법

맛있는 요리를 만들기 위해 반드시 알아두어야 할 것이 화력 조절. 계절이나 그날의 날씨에 따라 조절한다.

바비큐의 기본 스타일 '존 파이어(zone fire)'

가스불과 달리 그릴은 숯의 위치나 개수에 따라 화력이 달라진다. 여유 있게 바비큐를 즐기고 싶다면 전체에 숯을 깔지 않고 좌우 어느 한쪽에만 몰아놓는다. 이렇게 하면 재료가 구워지는 상태를 봐가면서 느긋하게 식사를 즐길 수 있다.

숯이 있는 곳에서 재료의 겉면을 구운 뒤 숯이 없는 쪽으로 빗겨 놓아 속까지 충분히 익힌다. 다소 시간은 걸리지만 한층 맛있게 구워지므로 이 방식을 잘 활용하는 것이 좋다. 뚜껑이 있으면 오븐 구이도 가능하므로 요리의 폭이 한층 넓어진다.

POINT

알루미늄 포일로 간단 화력 조절!

불이 약한 곳에 놓았는데도 화력이 너무 세서 요리가 타버리는 경우 알루미늄 포일을 숯 위에 놓아 열을 일정 부분 차단하는 방법이 있다. 식재료를 알루미늄 포일로 싸는 것보다 숯을 차단하는 것이 한층 간편하므로 활용해보자.

사용이 끝난 뒤에는 재빨리 손질을!

누구나 귀찮은 바비큐 후 그릴 정리 정돈

맛있게 먹은 것까지는 좋은데 그릴을 손질하는 단계에서는 '누가 좀 대신 해주었으면······' 하는 마음이 든다. 그러나 게으름의 유혹을 뿌리치고 재빨리 나서야 한다. 스킬렛이나 더치오븐과 마찬가지로 아직 온기가 남아 있을 때 정리를 해야 한결 수월하다. 숯은 불티가 남지 않도록 완전히 끄고 뒤처리를 한다. 그릴 본체는 행주로 닦아낸다. 본체에 묻은 기름은 숯과 함께 닦으면 의외로 깨끗하게 지워지고 적당하게 남은 유분이 본체의 부식을 방지해준다. 이보다 더 깔끔하게 하고 싶다면 세제를 이용하여 닦아낸 뒤 완전히 말려 가방에 수납한다.

건강에 좋은 싱싱 야채를 듬뿍

색색의 그릴 야채샐러드

[재료] (4인분)

가지	2개
올리브오일	적당량
빨강 파프리카	1/2개
노랑 파프리카	1/2개
브로콜리	1줄기
아스파라거스	4줄기
양송이	1팩
허브솔트	기호에 따라
커민	1/2작은술
머스터드 시드	1/2작은술
발사믹 식초	1큰술

 20분 / 굽기

[만드는 법]

❶ 가지는 꼭지를 떼고 세로로 반 자른다. 납작한 용기에 가지를 가지런히 놓고 올리브오일을 뿌려준다.

❷ 파프리카는 씨를 빼내고 세로로 반을 자른다. 브로콜리는 하나씩 송이를 떼어내고, 아스파라거스는 뿌리 쪽 딱딱한 껍질을 제거한다. 양송이는 더러운 먼지를 닦아낸다.

❸ 각각의 재료를 노랗게 자국이 날 때까지 구워 망에서 꺼낸다. 살짝 식힌 다음 한입 큼지막한 크기로 잘라 그릇에 담는다.

❹ 허브솔트를 전체적으로 뿌리고, 커민, 머스터드 시드를 넣은 다음 발사믹 식초를 더하여 잘 섞는다.

POINT

크기가 작은 야채를 구울 때는 불에 빠지지 않도록 간격이 촘촘한 망을 이용한다.

[재료] (4인분)

가지	2개
올리브오일	적당량
소금	적당량
토마토	2개
모차렐라 치즈	1개
슬라이스 베이컨	1장
로즈메리	적당량

[만드는 법]

 영양 만점, 최강의 조합

구운 가지와 토마토 치즈 샌드

20분
굽기

바비큐 레시피

1
가지는 약 1.5cm 두께로 둥글게 썰어 양쪽 면에 올리브오일을 발라준 뒤 소금을 뿌린다. 토마토, 모차렐라 치즈는 약 1cm 두께로 썬다.

2
그릴에서 가지, 토마토의 양면을 구워 적당히 불 자국이 나도록 한다. 같은 방법으로 베이컨을 구워 잘게 잘라놓는다.

3
가지 위에 모차렐라 치즈를 올리고 다시 가지를 얹는다.

4
그 위에 구운 토마토를 올리고 치즈가 녹아내리면 그릇에 담은 뒤 잘게 썬 베이컨을 위에 얹고 로즈메리로 장식한다.

아시안소스와 고수의 향이 절묘

아시안소스에 곁들인 흰살 생선 소테

⏱ **20분**
🍴 굽기

[재료] (4인분)

흰살 생선	3토막
소금	적당량
대파	1/4대
넘플라*	1큰술
식초	1작은술
고수	조금
흰깨	1작은술
참기름	1큰술

*넘플라 : 자잘한 생선을 소금에 절여 발효시킨 액체를 숙성하여 만든 태국의 양념.

[만드는 법]

❶ 흰살 생선에 골고루 소금을 뿌린다. 대파는 정중앙을 세로로 길게 자른 뒤 안의 속대를 꺼내 놓는다.

❷ 파 바깥 부분을 가급적 잘게 채를 썰어 물에 잠시 담가둔다.

❸ 대파의 속대 부분은 잘게 썰어 볼에 담아 넘플라, 식초를 첨가하여 소스를 만든다.

❹ 숯불에 생선 양면을 구워 그릇에 담는다.

❺ ❸의 소스를 뿌리고 ❷의 파채를 물기를 빼서 위에 얹는다. 흰깨를 뿌리고 마무리로 참기름을 둘러준다.

은은하게 퍼지는 삼나무 향

삼나무 연어구이

 15분
굽기

[재료] (4인분)

연어(횟감용)	1토막
소금	적당량
검은 통후추	적당량
딜	적당량

[만드는 법]

① 그릴에 숯을 15개 정도 피워 센 불을 만든 뒤 숯을 한쪽으로 몰아놓는다(P.85 참조).

② 연어에 소금과 후추를 충분히 뿌린다. 삼나무 토막 위에 연어를 놓고 위에 딜을 올린다.

③ 숯불이 없는 쪽에 ❷를 놓고 뚜껑을 덮어 굽는다(뚜껑이 없는 경우에는 알루미늄 포일로 열을 차단하면서 천천히 굽는다).

④ 삼나무 주변에 불이 옮겨 붙지 않는 정도로 굽고 나무의 향이 연어에 배면 완성이다. 요구르트 마요네즈소스(P.101 참조)를 곁들여 먹는다.

바비큐 레시피

 레몬의 풍미가 제대로! 깔끔한 생선찜

도미 포일구이

 15분
굽기

[재료] (4인분)

도미살	2토막
소금	적당량
양파	1/4개
해송이버섯	30g
레몬 슬라이스	2장
버터	20g
생타임	2줄기
올리브오일	적당량
검은 통후추	적당량

[만드는 법]

① 도미는 껍질 쪽에 칼집을 넣어 양면에 소금을 뿌린다. 양파는 둥글게 썰고 해송이버섯은 밑동을 떼어 잘게 나눠놓는다. 레몬 슬라이스는 반으로 자른다.

② 그릇에 맞춰 알루미늄 포일을 넓게 편 뒤 소금에 절인 도미살을 올린다. 도미 주변에 해송이버섯을 놓는다. 여기에 레몬, 양파, 버터 순으로 얹고 향을 내는 타임을 넣는다.

③ 올리브오일을 둘러서 뿌리고 재료를 알루미늄 포일로 잘 싸준다. 그릴에서 중불에 굽는다. 도미 속까지 완전히 익으면 마지막에 통후추를 갈아 뿌려준다.

6 입안에서 녹는 듯 부드럽다

촉촉한 치킨티카*

[재료] (4인분)

닭다리살 ······· 2조각(약 600g)
마리네소스 ············ P.9 참조
붉은 양파 ················ 1/4개
레몬 ························ 1/2개

⏱ **20분**
🍴 굽기

[만드는 법]

① 닭다리살은 전용 마리네소스에 미리 재워둔다(P.9 참조).

② 붉은 양파를 얇게 둥글게 썰고, 레몬은 빗모양썰기한다.

③ 그릴의 숯을 한쪽으로 몰아(P.85 참조) 센 불에서 고기 표면을 구운 뒤 숯이 없는 쪽으로 옮긴다. 뚜껑을 덮어 로스트한다.

④ 5~10분 후 속까지 충분히 익으면 그릇에 담아 붉은 양파, 레몬을 얹는다. 기호에 맞춰 레몬을 짜주면 완성.

*치킨티카 : 뼈를 발라내고 살만으로 요리한 탄두리치킨.

7 입안 가득 퍼지는 감미로운 육즙

생강데리야키 포크립

[재료] (4인분)

돼지갈비(큰 것) ············· 4대
마리네소스 ············ P.9 참조

⏱ **20분**
🍴 굽기

[만드는 법]

① 돼지갈비는 마리네소스에 재워둔다(P.9 참조).

② 그릴의 숯을 한쪽으로 몰아놓고 (P.85 참조) 센 불에 고기 겉을 익힌 뒤 숯이 없는 쪽으로 옮겨 뚜껑을 덮고 로스트한다.

③ 10~15분 후 속까지 완전히 익으면 그릇에 담는다.

⏱ 30분
🍴 굽기

 야외에서 더 진가를 발휘하는 꼬치구이

프레시 레몬소스를 얹은 돼지 삼겹살 꼬치

[재료] (4인분)

돼지 삼겹살	100g
가지	1개
주키니 호박	1개
소금	적당량
올리브오일	적당량
프레시 레몬소스(P.101 참조)	30㎖
레몬 슬라이스	2장
실파	1대

[만드는 법]

❶ 삼겹살, 가지, 주키니 호박은 약 1cm 두께로 자른다.

❷ ❶을 주키니 호박, 돼지 삼겹살, 가지 순으로 꼬치에 꿴다.

❸ 꼬치 양면에 충분히 소금을 뿌린다.

❹ 가지는 앞뒤로 올리브오일을 뿌려 배어들게 한 뒤 꼬치를 중간 세기의 숯불에 앞뒤로 굽는다.

❺ 노릇하게 색이 나면 그릇에 담아 프레시 레몬소스를 뿌린다.

❻ ❺에 레몬 슬라이스, 잘게 썬 실파를 위에 뿌린다.

POINT

재료를 대나무 꼬치에 꿸 때 간격이 벌어지면 꼬치가 새까맣게 타버릴 수 있으므로 촘촘하게 붙인다.

⏱ **20분**
🍴 굽기

순한 소스와 훈제 향이 제대로 만났다!

사프란소스를 곁들인 새우 가리비 구이

[재료] (4인분)

새우	8마리
가리비	4개
소금	적당량
사프란	조금
버터	20g
생크림	100㎖
이탈리안 파슬리	적당량

[만드는 법]

① 새우는 껍데기를 벗기고 내장을 꺼낸다. 가리비는 껍데기를 떼어내고 검은 내장을 제거한 뒤 새우와 함께 소금물에 씻는다.

② 작은 냄비에 물 200㎖(분량 외)를 부어 끓인 뒤 약한 불로 줄인다. 새우와 가리비를 재빨리 데쳐 볼에 꺼낸 뒤 소금을 뿌려둔다.

③ 새우와 가리비를 데친 뜨거운 물에 사프란을 넣어 물이 황금색으로 바뀌고 향이 나기 시작하면 버터와 생크림을 넣어 불을 세게 올린다. 끓어오르면 불을 끈다.

④ 새우와 가리비를 숯불에 굽고 완전히 익으면 그릇에 담는다. 여기에 ❸의 소스를 끼얹고 이탈리안 파슬리를 위에 뿌려낸다.

 매운맛에 중독되다

칠리소스를 얹은 새우그릴

15분
굽기

[재료] (4인분)

새우 ·············· 10마리
소금 ·············· 적당량
칠리소스(P.101 참고)······· 적당량
고수 ·············· 적당량

[만드는 법]

1
새우는 껍데기를 벗겨 내장을 빼낸 뒤 잘 씻는다.

2
새우에 소금을 뿌려둔다.

3
새우를 숯불에 노릇하게 색이 잘 나도록 굽는다.

4
그릇에 담아 칠리소스를 전체적으로 뿌린 뒤 고수를 올린다.

바비큐 레시피

단언컨대 최고의 맥주 안주

갈릭 베이컨 버터소스를 얹은 닭다리스테이크

⏱ 20분
🍴 굽기

[재료] (4인분)

닭다리살	1조각(약 300g)
소금	적당량
검은 통후추	적당량
마늘	1쪽
베이컨	50g
감자	2개
아스파라거스	4줄기
버터	20g

[만드는 법]

1
닭다리살에 소금, 통후추를 골고루 뿌려준다. 마늘은 꼭지를 따서 잘게 썬다. 베이컨도 잘게 썬다. 감자는 껍질을 벗기지 말고 그대로 1cm 두께로 자르고, 아스파라거스는 5cm 길이로 자른다.

2
프라이팬에 버터를 넣어 달군 다음 마늘과 베이컨을 넣고 노릇하게 색이 날 때까지 볶아 마늘 베이컨 버터소스를 만든다.

3
그릴의 숯을 한쪽으로 몰아(P.85 참조) 센 불에서 닭다리 양면을 구운 뒤 숯이 없는 쪽으로 옮겨 뚜껑을 덮고 속까지 완전히 익힌다. 감자, 아스파라거스도 숯불에 굽는다.

4
닭다리살을 먹기 좋은 크기로 잘라 감자, 아스파라거스와 함께 그릇에 담는다. 그 위에 마늘 베이컨 버터소스를 뿌린다. 함께 곁들이는 야채는 기호에 따라 변화를 줄 수 있다.

고수들이 즐기는 담백한 스테이크

두툼한 우설스테이크

[재료] (4인분)

두껍게 썬 우설	4조각
(P.69 우설조림 후 남은 고기를 사용한다)	
소금	적당량
검은 통후추	적당량
레몬	1/2개
간장	1작은술
새송이버섯	1개
꽈리고추	1팩

⏱ 15분
🍴 굽기

[만드는 법]

❶
우설에 칼집을 넣고 소금, 후추를 뿌린다. 레몬을 얇게 빗모양썰기한다.

❷
작은 냄비에 레몬, 물 30㎖(분량 외), 간장을 넣고 레몬이 숨이 죽을 때까지 중불에 조려 소스를 만든다.

❸
숯불에 우설의 양면을 굽는다. 동시에 세로로 자른 새송이버섯과 꽈리고추도 굽는다. 재료를 그릇에 담아 ❷의 소스를 뿌려서 먹는다(P.101의 프레시 레몬소스를 뿌려도 맛있다). 곁들이는 야채는 기호에 따라 바꿀 수 있다.

STEP 4 바비큐 레시피

⏱ 20분
🍴 굽기

캠핑의 행복이 혀끝에서! 제대로 호화스러운 맛

라이트 스모크 등심스테이크

[재료] (4인분)

쇠고기 등심 ·················· 1장
소금 ························· 적당량
검은 통후추 ················· 적당량
스모크 칩(벚나무) ·········· 1/2컵

POINT
쇠고기 등심은 굽기 전에 소금과 후추로 밑간을 해두면 맛있는 성분이 잘 빠져나가지 않고 구울 때 형태가 뭉개지는 것을 막을 수 있다.

[만드는 법]

❶ 등심에 전체적으로 소금을 뿌리고 향을 내주기 위해 검은 통후추를 뿌린다.

❷ 그릴의 숯을 한쪽으로 몰아놓고 (P.85 참조) 고기의 양면을 센불에 너무 타지 않을 정도로 굽는다.

❸ 고기를 숯이 없는 쪽으로 옮긴 뒤 숯 위로 스모크 칩을 뿌린다.

❹ 연기가 피어오르면 뚜껑을 덮고 2~3분가량 향이 배도록 한다. 뚜껑이 없는 경우는 알루미늄 포일로 덮어 충분히 굽는다.

❺ 기호에 따라 간장양파소스, 레드와인소스, 프레시 토마토소스 등을 뿌려서 먹는다(P.100~101 참조).

[재료] (4인분)

사과 ·························· 1개
버터 ·························· 20g
시나몬 스틱 ················ 2개
클로브 ······················ 몇 개
그래뉴당 ···················· 2큰술

[만드는 법]

1
사과는 잘 씻어 둥글게 썰고 씨 주변은 스푼 등으로 도려낸다.

2
프라이팬에 버터, 시나몬 스틱, 클로브, 그래뉴당을 넣고 조려서 캐러멜 소스를 만든다.

3
그릴에 사과의 양면을 구워 노릇하게 색이 나면 먹기 좋은 크기로 자른다.

4
캐러멜소스를 물 50㎖(분량 외)와 잘 섞은 뒤 잘라놓은 사과와 섞어 골고루 묻힌다.

14 계피 향으로 특별하게!
어른을 위한 사과구이

20분
굽기

바비큐 레시피

숯불에 구우니 더욱 달콤

파인애플그릴

⏱ **20분**
🍴 굽기

[재료] (4인분)

파인애플 ····················· 1개
마스카르포네 치즈 ········· 적당량
민트 ······················· 적당량
메이플시럽 ················· 적당량

[만드는 법]

1
파인애플을 1.5mm 두께로 둥글게 썰고 껍질을 벗긴다.

2
숯불을 중불로 하여 노릇하게 양면을 굽는다.

3
먹기 좋은 크기로 썬다.

4
그릇에 담아 마스카르포네 치즈를 얹은 뒤 민트를 올려준다. 마무리로 메이플시럽을 전체적으로 두른다.

그릴 카탈로그

추천

캠핑 최고의 즐거움은 역시 바비큐. 좋은 그릴이 있으면 바비큐가 한층 즐거워진다. 뚜껑이 있는 모델이라면 한 차원 높은 수준의 요리도 가능.

사용법을 익힐수록 점점 빠져든다

숯불로 즐기는 바비큐는 캠핑 요리의 기본. 그릴은 단순히 불을 피우기 위한 도구로 알고 있지만, 타입에 따라 여러 장단점이 있다. 좋은 것은 통기구 등 설계가 매우 정교하여 효율적으로 숯을 잘 연소시킨다. 바닥부터 석쇠까지의 높이와 크기에 따라서도 편리함의 정도가 달라진다. 최근에는 석쇠의 위치를 바꾸어 불 조절을 할 수 있는 모델도 나왔지만 공간만 충분하다면 한쪽으로 숯을 몰아놓는 방식으로도 얼마든지 조절이 가능하다. 요리의 활용도를 한층 높이고 싶다면 뚜껑이 있는 제품을 추천한다. 쪄서 익히는 방식이나 가벼운 스모크 요리도 도전할 수 있다. 다음에 소개하는 제품들은 뚜껑이 딸려 있지 않더라도 옵션으로 구입이 가능하다. 가급적 함께 구비해두자.

UNIFLAME/ UF 바비큐그릴

제품에는 철판이 함께 딸려 있어 반은 철판으로 바꾸어 석쇠구이와 철판구이 양쪽을 함께 즐길 수 있다. 별도 판매 제품으로 길이가 짧은 다리도 구비되어 있어 좌식 캠핑에도 활약한다.

모닥불 화로로 사용할 수 있다

사이즈 : (사용 시) 600×460×680mm, (수납 시) 600×460×(높이)135mm
중량 : 약 10.6kg
재질 : (본체, 손잡이) 스테인리스강, (다리, 그릴) 스틸, (구이망 하프 사이즈) 스틸, (철판 하프 사이즈) 엠보싱 철판, (수납 케이스) 폴리에스테르

WEBER/ 원터치 실버 케틀 47cm

웨버는 바비큐 대국인 미국에서 60퍼센트 이상의 시장점유율을 자랑하는 최대 브랜드다. 그 대표 모델이 바로 이 제품. 성인 여러 명이 모인 자리에서도 충분히 활약하는 크기이며, 다리에 바퀴가 달려 있어 이동이 간편하다.

사이즈가 커서 사용이 편리하다

사이즈 : 지름 47×88cm
중량 : 8.6kg
재질 : 본체에 에나멜 법랑 코팅

UNIFLAME/ 유니세라 TG-III

본체에 세라믹으로 만들어진 플레이트가 내장. 이것이 불을 반사하여 약한 불도 한층 효율적으로 열을 전달한다. 철판이나 뚜껑 등 옵션이 비교적 풍부하게 갖춰져 있는 것도 매력적이다.

적은 인원이 간편하게 사용

사이즈 : (사용 시) 315×250×190mm, (수납 시) 315×165×85mm
중량 : 약 3.1kg
재질 : (본체) 스테인리스강·특수 세라믹, (와이어 망, 그릴, 재 받침) 스테인리스강

SNOWPEAK/ IGT 시스템 BBQBOX 야키무사

같은 브랜드에서 출시된 테이블에 함께 세팅할 수 있는 그릴이다. 다리를 달면 테이블 위에서도 사용할 수 있다. 레버를 조작하여 높이를 3단계로 조절할 수 있으므로 구이망의 거리를 바꿔가며 불 조절이 가능하다.

불 조절이 손쉽게 가능

사이즈 : 250×360×190mm
중량 : 5.1kg
재질 : 스테인리스, 얼스터강판, 스틸

SOTO/ 듀얼 그릴

테이블 위에서 사용할 수 있는 그릴. 구이망의 높이를 조절할 수 있고, 뚜껑은 뒤집어서 플레이트로 활용하며, 바비큐 후에는 그 자체로 소화용 단지가 된다. 스테인리스와 알루미늄으로 만들어진 본체는 질감이 탁월하다.

테이블 위에서 사용할 수 있으며, 기능도 다양

사이즈 : (사용 시·3단계 조절) 지름 310×높이 170mm / 구이 최고 높이 170mm / 중간 높이 150mm / 낮은 높이 125mm, (수납 시) 지름 310×높이 140mm
중량 : 약 5kg
재질 : (뚜껑, 본체, 받침) 알루미늄 주물, (구이 그릴, 숯받침) 스테인리스, (밑받침) 고무, (손잡이) 철/크롬 도금

WEBER/ 차콜 고 애니웨어 그릴

자동차에 싣기 편리한 트렁크형. 다리를 접으면 뚜껑에 잠금 장치가 되는 실용적인 디자인이다. 본체 외부는 법랑 코팅이 되어 있어 외관도 깔끔하다.

트렁크에 수납하기 편리한 사각형

사이즈 : 540×270×370mm
중량 : 5.2kg
재질 : 본체에 에나멜 법랑 코팅

8종 만능 소스 레시피

캠핑에서 활용 범위 무한대

한층 폭넓게 즐기는 아웃도어 레시피! 1

1. 간장양파소스
양파의 단맛이 입안에서 감기는 만능 소스

고기·생선 요리, 따뜻한 야채 요리에 추천

[재료]
- 양파 …………… 1/4개
- 참기름 ………… 1큰술
- 청주 …………… 50㎖
- 간장 …………… 50㎖
- 설탕 또는 꿀 …… 기호에 따라

1. 양파를 잘라 냄비에 넣는다.
2. ❶에 참기름을 둘러 중불에 올린 뒤 양파가 완전히 숨이 죽을 때까지 볶는다.
3. ❷에 물 50㎖(분량 외), 청주, 간장을 넣고 조린다. 기호에 따라 설탕 또는 꿀을 첨가한다.

2. 레드와인 간장소스
고기 요리에는 역시 레드와인이 제격

기호에 따라 참기름을 버터로 대체해도 맛있다

[재료]
- 양파 …………… 1/4개
- 참기름 ………… 1큰술
- 레드와인 ……… 150㎖
- 간장 …………… 50㎖
- 설탕 또는 꿀 …… 기호에 따라

1. 양파를 잘라 냄비에 넣는다.
2. ❶에 참기름을 둘러 중불에 올린 뒤 양파가 완전히 숨이 죽을 때까지 볶는다.
3. 레드와인을 넣고 양이 절반으로 졸아들면 간장을 넣어 한소끔 다시 끓인다. 기호에 따라 설탕 또는 꿀을 첨가한다.

3. 기본 데리야키소스
재료의 맛과 윤기를 살려주는 보물

고기·생선 요리에 딱!

[재료]
- 간장 …………… 50㎖
- 미림 …………… 50㎖
- 청주 …………… 50㎖
- 꿀 ……………… 1큰술

1. 간장, 미림, 청주를 냄비에 넣고 센 불에 올려 우르르 끓인다.
2. ❶에 꿀을 넣어 잘 저어준다.

4. 토마토소스
어떤 요리에도 잘 어울리는 소스

돼지고기, 닭고기, 흰살 생선이나 파스타 등에도 잘 어울린다

[재료]
- 양파 …………… 1/4개
- 마늘 …………… 1쪽
- 올리브오일 …… 1큰술
- 홀토마토 통조림(잘라서) ………………… 1/3캔
- 굵은소금 ……… 1작은술

1. 양파를 잘게 다진다. 마늘은 꼭지를 떼어 다져둔다.
2. 냄비를 중불에 올리고 ❶을 넣어서 분량의 올리브오일에 볶는다.
3. 토마토 통조림을 자르거나 으깨 넣고 섞으면서 약 10분간 조린다. 굵은소금을 넣는다.

요리의 맛을 내는 데 중요한 열쇠가 되는 것이 바로 소스다. 재료를 섞기만 하면 되는 초간단 소스부터 불을 사용한 본격적인 소스까지 다채롭게 소개한다. 물론 맛에서 어느 것 하나 빠지지 않는 환상의 레시피다.

5 신맛을 더 강조하면 드레싱으로도 사용 가능
프레시 토마토소스

[재료]
양파(큰 것) ············ 1/4개
허브솔트 ············ 2작은술
완숙 토마토(중간 크기) ·· 2개
올리브오일 ············ 1큰술

❶ 양파를 다져서 약 10분간 물에 담가둔다.
❷ 양파의 물기를 완전히 뺀 뒤 허브솔트를 넣고 잘 섞는다. 잘게 다진 완숙 토마토, 올리브오일을 넣은 뒤 다시 잘 섞어주면 완성.

> 산뜻하게 고기나 생선을 즐기고 싶을 때 추천

6 맛의 조화가 절묘
요구르트 마요네즈소스

[재료]
요구르트 ············ 50㎖
마요네즈 ············ 50㎖
마늘 ············ 1작은술
허브솔트 ············ 1/2작은술

❶ 볼에 분량의 재료를 모두 넣어 잘 섞는다.

> 야채나 생선 요리에 제격. 드레싱으로 사용해도 좋다

7 식욕을 자극하는 레몬 향
프레시 레몬소스

[재료]
레몬(큰 것) ············ 2개
시로다시(P.64 참조)
 ············ 1작은술
실파 ············ 1대

❶ 볼에 레몬을 짜넣고 시로다시를 넣는다.
❷ 실파를 잘게 썰어 ❶에 섞어주면 완성.

> 깔끔하게 고기나 생선 요리를 완성해준다. 드레싱으로도 활약

8 어떤 요리도 순식간에 중화풍으로 변신!
칠리소스

[재료]
양파 또는 파 ············ 1큰술
스위트칠리소스 ············ 60㎖
케첩 ············ 20㎖

❶ 양파를 잘게 다져 볼에 넣는다.
❷ 스위트칠리소스와 케첩을 넣어 잘 섞는다.

> 새우에 뿌려주면 간단한 새우칠리 요리 완성. 어패류와 잘 어울린다

101

> 한층 폭넓게 즐기는 아웃도어 레시피! 2

미각을 자극한다!
함께 즐기고 싶은 칵테일

 모닥불 가에서 낭만을 만끽하고 싶다면!
핫 와인

1. 레드와인(100㎖), 오렌지주스(70㎖), 시나몬 스틱(1개), 클로브(3개), 오렌지 슬라이스(준비된다면 1조각)를 작은 냄비에 넣는다.
2. ①을 중불에 올려 적당히 따뜻해지면 완성.

> 레드와인은 카베르네 쇼비뇽을 메인으로 하여 저렴한 제품을 이용한다

 몸속까지 따뜻하다
차이

1. 작은 냄비에 물(150㎖), 클로브(3개), 카르다몸(3개), 생강 슬라이스(1쪽), 시나몬 스틱(1개)을 넣고 중불에 올린다.
2. 끓어오르면 아삼차 잎(2티스푼)을 넣고 약한 불에 약 2분간 끓인다.
3. 설탕(1티스푼), 우유(150㎖)를 넣고 중불에 올려 따뜻해지면 컵에 따른다.

> 찻잎의 종류를 바꿔서 즐길 수 있다

 여성에게 인기가 많은 기본 칵테일
핫 카시스오렌지

1. 카시스 리큐르(30㎖)를 잔에 따른다.
2. 작은 냄비에 오렌지주스(120㎖)를 넣고 중불에 올려 따뜻해지면 ①의 잔에 붓는다.

> 아이스로 마셔도 맛있다

 추운 밤 잠자리에 들기 전에 딱!
핫 럼밀크

1. 유리잔에 럼주(30㎖)를 따라 넣는다.
2. 작은 냄비에 우유(100㎖), 설탕, 바닐라에센스(적당량)를 넣는다. 중불에 올려 거품기로 잘 섞는다.
3. ②가 따뜻해지면 유리잔에 부은 다음 계피가루를 뿌려준다(뜨겁게 끓어오르면 NG. 은은하게 데운다).

> 럼주 대신 밀크셰이크에 섞어 마셔도 맛있다

캠핑 온 일행이 모두 모인 시간, 감추어두었던 실력을 발휘하여 만든 칵테일 덕분에 분위기가 한층 무르익는다.
마음까지 따뜻하게 데워주는 핫 리큐르부터 상쾌하게 기분을 깨워주는 아이스 드링크까지 총집합.

 가볍고 깔끔한 위스키

CC진저

1. 유리잔에 빗모양썰기한 레몬을 한 조각 짠 뒤 그대로 안에 넣는다.
2. ①에 얼음을 넣고 캐나디언 클럽(30㎖)을 붓는다.
3. 각자 기호에 따라 진저에일을 붓고 마무리로 빗모양썰기한 레몬을 한 조각 더 짜준 뒤 잘 저어 준다.

> 캐나디언 클럽 대신 다른 위스키를 넣어도 된다

 고기 요리에 강력 추천!

진라임소다

1. 유리잔에 빗모양썰기한 라임을 한 조각 짜준 뒤 그대로 안에 넣는다.
2. ①에 얼음을 넣고 진을 붓는다.
3. 기호에 따라 원하는 분량만큼 소다를 붓고 마무리로 빗모양썰기를 한 라임 한 조각을 짜준 뒤 잘 섞는다.

> 진을 넣지 않고 라임소다 자체로도 즐길 수 있다

 가볍게 만들 수 있는 간단 칵테일

스크류드라이버

1. 유리잔에 얼음을 넣고 보드카(30㎖)를 붓는다.
2. 원하는 양만큼 오렌지주스를 부으면 완성.

> 보드카는 깔끔한 맛의 탄카레이가 제격

 살짝 색다르게 맥주 즐기기

레몬샌디개프*

1. 유리잔에 빗모양썰기한 레몬을 한 조각 짜주고 그대로 안에 넣는다.
2. 진저에일을 잔의 반 조금 못 미치게 붓는다.
3. 맥주를 붓고 레몬 한 조각을 함께 낸다.

> 레몬은 각자 좋아하는 타이밍에 짜서 마신다

*샌디개프 : 맥주를 베이스로 한 대표적인 칵테일로, 진저에일을 섞는다.

> 한층 폭넓게 즐기는 아웃도어 레시피! 3

요리 고수로 만들어주는
허브 & 향신료

Fresh herb

이탈리안 파슬리
보통의 파슬리에 비해 향이 부드러우며 쓴맛이 적다. 잘게 잘라 드레싱이나 파스타 소스 등에 넣으면 색다른 맛을 즐길 수 있다.

고수
태국어로는 파쿠치, 중국어로는 샹차이라고 한다. 향이 강해서 호불호가 극명하게 갈리는 허브. 조금만 사용해도 동남아시아풍의 신비로운 맛으로 순식간에 변화한다.

민트
디저트나 음료에 장식과 더불어 산뜻한 향을 주는 가장 기본적인 허브. 민트를 이용한 샐러드나 차 등이 인기다.

바질
토마토와 최상의 조화를 이룬다. 치즈와 파스타에도 잘 맞는다. 잘게 썰어 페이스트로 하여 드레싱이나 소스 등으로 많이 활용한다.

딜
생선 요리와 궁합이 잘 맞고, 신선한 분위기를 내어 음식을 한층 화려하게 연출한다. 잘게 다져 넣으면 전혀 색다른 풍미를 낸다. 마리네에도 잘 어울린다.

로즈메리
돼지고기, 닭고기, 감자 요리에 잘 어울리며 간편하게 사용할 수 있다. 잡냄새를 없애고 향을 내주는 대표적인 허브. 드라이 허브로 손쉽게 활용되고 있다.

타임
고기, 생선, 조림 요리의 잡냄새를 없애고 향을 내는 데 널리 쓰이는 허브다. 토마토 요리에도 잘 어울린다. 마리네 등에 즐겨 사용한다.

허브와 향신료는 시각적으로 요리를 한층 맛있게 보이도록 하며 미각의 폭을 넓혀준다. 잡냄새를 잡아주는 효과도 빼놓을 수 없다. 혈행 촉진, 정장 작용 등 우리 몸에 좋은 기능을 하므로 가까이 두고 잘 활용해보자.

Spice

월계수 잎
향을 내고 잡냄새를 없애주어 스튜나 수프 등 특히 조려내는 요리에 애용된다.

드라이 파슬리
파슬리, 이탈리안 파슬리를 건조시킨 것으로 요리의 맛을 한층 풍성하게 해준다. 눈에 띄지 않는 부재료이지만 간단한 요리도 한층 그럴싸하게 만들어준다.

카르다몸
많은 요리에 사용되지만 주로 카레나 차이의 향을 내는 재료로 널리 알려져 있다. 고유의 향을 즐기는 사람이 많다.

커민
카레에 빼놓을 수 없는 향신료. 잡냄새를 제거한다. 볶음 요리나 마리네, 샐러드에 사용하면 색다른 풍미를 낼 수 있다.

시나몬 스틱
후추 다음으로 널리 활용되는 향신료. 파우더 타입이 다른 재료와 잘 어울려 디저트와 요리에 폭넓게 쓰인다.

클로브(정향)
달콤한 향기가 특징. 고기 요리에 들어가기도 하지만, 일반적으로 카르다몸과 더불어 카레나 차이에 널리 사용된다.

머스터드 시드
페이스트 상태로 가공되어 적당하게 매운맛을 내는 홀그레인 머스터드가 대표적이다. 씨 형태로 나온 것은 매운맛이 거의 없으며, 볶음 요리나 고기를 구울 때 향을 즐긴다.

사프란
독특한 향을 내며 노랗게 색을 내주는 화려한 향신료. 부야베스나 파에야, 사프란라이스가 대표적인 요리. 향이 좋은 것이 특징이다.

육두구
잡냄새를 없애고 향을 내주는 재료로, 다진 고기 요리나 크림 계열 요리에 많이 사용된다. 햄버거나 그라탕, 스튜, 케이크 등에도 활용된다.

홍후추
매운맛과 향을 내는 것 외에도 샐러드나 카르파초, 그라탕, 도리아 등의 요리에 한층 생동감을 주고 싶을 때 활용된다.

검은 후추
매운맛이 있으며, 향을 내는 데 이용된다. 요리에 절묘한 악센트를 주어 고기 요리에 빠지지 않는다. 몸을 따뜻하게 해주는 효과가 있다.

백후추
검은 후추에 비해 한층 부드럽고 고급스러운 향이 특징이다 생선 요리나 크림소스를 사용한 요리에 활용된다.

> 한층 폭넓게 즐기는 아웃도어 레시피! 4

캠핑의 최고 즐거움!
불 피우기의 달인이 되자

필수 아이템

불을 피울 때 없어서는 안 될 아이템들. 도구를 모두 갖추지 못했어도 캠핑장에서 렌털이 가능한 경우도 많으므로 우선은 그렇게 서서히 시작해보는 것도 좋다.

• 화로대
예전에는 땅 위에 바로 불을 피웠지만 환경 오염이나 뒤처리 등의 문제로 화로대 사용이 일반화되었다. 직화로 하는 것보다 열효율이 높고 간편하게 즐길 수 있으며 장소도 손쉽게 이동할 수 있으므로 편리하다.

• 모닥불 집게와 가죽 장갑
숯이나 장작을 뒤적여 화력을 조절할 때 반드시 필요한 집게는 길이가 길고 튼튼한 것이 좋다. 목장갑도 좋지만 가죽으로 만든 긴 장갑이라면 손목만이 아니라 팔까지 보호할 수 있어 안심된다.

• 장작 패는 도끼와 손칼
캠프장에서 파는 장작은 대부분 두툼하다. 그런데 불을 피울 때는 장작을 잘게 쪼개야 불이 잘 붙는다. 이럴 때 필요한 것이 바로 손도끼다. 튼튼해서 잘 망가지지 않고 오래 사용할 수 있는 제품을 고르자.

• 있으면 편리한 도구들
장작에 착화시킨 뒤 불씨를 키우거나 화력을 높일 때 유용한 것이 바로 부채나 송풍기. 강제적으로 바람(산소)을 보내 연료가 한층 잘 타오르게 된다. 라이터보다 강력하게 불을 붙여주는 토치 역시 가지고 있으면 유용한 도구다.

장작 패는 법

불을 잘 붙이고 화력 조절을 수월하게 하려면 큰 장작을 잘게 잘라 사용한다. 장작 패는 요령을 익혀두자.

1 장작 끝에 도끼를 대고 도끼와 함께 위로 들어올렸다가 힘껏 내리쳐 장작 안에 도끼가 박히게 한다.

2 도끼날이 안에 깊숙이 박혔다면 다시 들어올려서 힘을 주어 세게 내리친다.

3 이것을 몇 번 반복하여 장작을 잘게 쪼갠다(맨 땅 위에서 하면 힘을 흡수해버리므로 평평한 널빤지를 깔고 하는 것이 좋다).

NG 통나무와 달리 장작을 놓고 도끼를 위에서 내리쳐서 자르는 것은 매우 위험하므로 절대 해서는 안 된다.

요리를 할 때 없어서는 안 되는 불. 추운 겨울에는 몸을 따뜻하게 해주고, 어두운 밤에는 안전하게 주위를 밝혀준다.
모닥불을 둘러싸고 느긋하게 시간을 즐기는 것도 캠핑의 매력 중 하나다.

불 피우는 법

장작에 불을 피우는 것은 숯에 비해 비교적 간단하다.
캠핑장 등에서 파는 장작은 잘 말라 있어 쉽게 불을 붙일 수 있다.

• 착화제를 사용하는 경우

화로대 바닥에 착화제를 놓고 가늘게 쪼갠 장작을 공기가 잘 통하도록 간격을 벌려 놓는다.

그 위에 약간 두꺼운 장작을 놓고 다시 더 두꺼운 장작을 올린 뒤 착화제에 불을 붙인다.

불이 피어올라 장작에 옮겨 붙으면 장작을 조금씩 더 넣은 뒤 공기를 보내 불을 키운다. 불꽃이 사그라들지 않도록 한다.

 착화제를 대신할 수 있는 솔방울이나 마른 삼나무 잎.

• 착화제가 없는 경우

솔방울과 마른 삼나무 잎을 화로대 바닥에 놓는다(삼나무 잎 위에 솔방울을 얹으면 불이 더 잘 옮겨 붙는다).

위에 가는 장작을 얹고 조금 두꺼운 장작을 차례로 쌓은 뒤 토치로 불을 붙인다. 삼나무 잎은 불이 잘 붙어서 바로 불꽃이 올라온다.

불꽃이 커지면 자연히 장작에 불이 옮겨 붙는다. 필요하다면 마른 삼나무 잎을 더 보충해가면서 불꽃이 꺼지지 않도록 한다.

Advice
우유팩이나 신문지를 착화제 대신 사용할 수 있지만 재가 공중에 날리므로 추천하지는 않는다. 나무젓가락은 OK.

장비 카탈로그

야외에서 요리를 할 때 도움이 되는 15가지 장비를 소개한다. 캠핑을 백 배 즐기기 위해서는 제대로 된 장비를 구입하여 오랫동안 소중히 사용하는 것이 바람직하다.

Coleman／아웃도어 쿠킹 팟

기름이 잘 먹고 녹이 슬지 않는 흑피철판으로 만들어졌다. 3.5mm로 두껍게 제조되어 축열성이 높고 잘 식지 않아 아웃도어 요리에 최적화하였다.

사이즈 : 지름 26× 높이 6.5cm
중량 : 약 3.7kg
만수 용적 : 약 2.5ℓ
재질 : 철(투명 실리콘 도장)

손잡이가 큰 것이 포인트

OIGEN／더치오븐 텐피 24cm 핫 샌드 메이커

품질로 인정받는 이와테 현의 난부텟키 제품. 재료를 노릇하고 맛있게 구워주는 핫 샌드 메이커. 손잡이까지 주물로 제조하여 화롯불 등에서도 존재감을 톡톡히 발휘한다. 따로 분리되므로 차후에 손질도 간편하다.

사이즈 : 세로 14.4×가로 41.7×높이 5.7cm
중량 : 1.5kg
재질 : 강재

화롯불에서 안전하게 사용할 수 있다

Coleman／알루미늄 쿠커 세트

조림이나 튀김 등에도 사용할 수 있는 워크팬을 중심으로 한 활용도 높은 세트 구성. 두터운 알루미늄 재질로 열이 안정적으로 전달되어 조리가 편리하다.

사이즈 : (사용 시) 워크팬／지름 26×높이 7.5cm, 프라이팬／지름 24×높이 4.5cm, 편수냄비／지름 18×높이 8.5cm, (수납 시) 지름 29×높이 13cm
중량 : 약 2.6kg
재질 : 본체／알루미늄·스테인리스, 핸들／알루미늄·스틸·실리콘, 케이스／폴리에스테르
부속품 : 수납 케이스

합리적인 사이즈. 입문용으로 최강 상품

GSI／스테인리스 코니컬 퍼컬레이터 14CUP

원뿔형의 클래식한 디자인으로 안정감이 있고 사용이 편리하다. 미끄럼 방지를 위해 가운데를 오목하게 설계하였으며 화롯불과의 궁합도 발군.

사이즈 : 11.5×20cm
중량 : 1kg
용적 : 2000㎖
재질 : 스테인리스 스틸

물을 끓일 때도 사용하기 편리하다

UNIFLAME/ 소화용 단지 SUS

용기 안에 철망이 들어 있어 물로 간단하게 불을 끌 수 있다. 용기가 뜨거워지지 않으므로 곧바로 정리할 수 있는 것이 포인트.

사이즈 : (본체) 지름 180×깊이 180mm,
(철망) 지름 160×깊이 140mm
중량 : 약 1.7kg
재질 : 스테인리스강

정리도 빨리 빨리 스피디하게 OK

UNIFLAME/ 더치오븐 이너 네트

더치오븐 바닥에 놓고 이용하는 네트다. 찜이나 훈연을 할 때는 물론 불 조절이 어려운 피자 등에도 최적이다. 사진은 10인치 제품.

사이즈 : 지름 230×높이 50mm
중량 : 210g
재질 : 스테인리스강

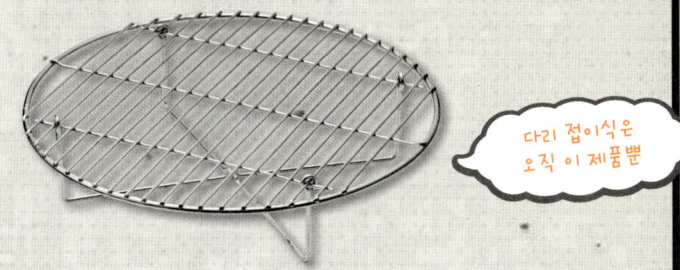

다리 접이식은 오직 이 제품뿐

UNIFLAME/ 바비큐 쿠킹 리드

동 브랜드에서 출시된 바비큐 그릴에 딱 맞는 사이즈의 뚜껑. 이것이 있으면 요리의 폭이 한층 넓어진다. 접어서 콤팩트하게 수납할 수 있다.

사이즈 : (사용 시) 40×29×11.5cm,
(수납 시) 40×29×1.5cm
중량 : 약 1.4kg
재질 : 스테인리스강

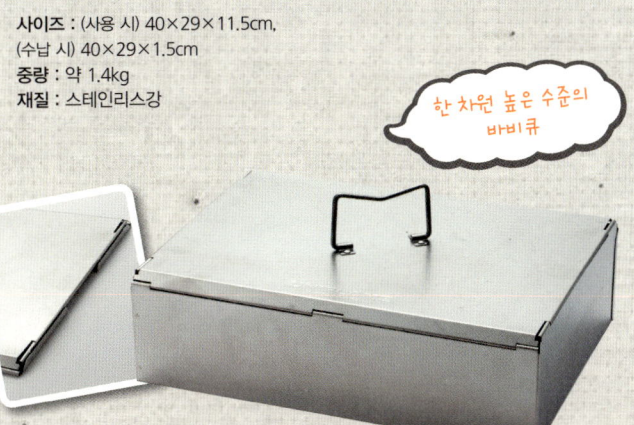

한 차원 높은 수준의 바비큐

Coleman/ 54Q 스틸벨트 쿨러(실버)

2ℓ의 페트병이 세로로 들어갈 정도로 깊고, 약 51ℓ나 되는 대용량의 쿨러 박스다. 두께 3cm의 발포 우레탄이 내장되어 있어 보온성도 높다.

사이즈 : 약 60×42×41cm
용량 : 약 51ℓ
중량 : 약 7.5kg
재질 : 스틸·스테인리스·발포 우레탄·폴리에틸렌

디자인도 깔끔하다

tent-Mark DESIGNS & suzumeya/ work - table LOW

깔끔한 디자인. 뜨거운 더치오븐을 놓아도 거뜬한 스테인리스 철판으로 만들어졌다. 특별히 LOW 제품은 좌식 캠핑에서도 사용하기 편리한 높이이며, 총 3종류의 사이즈가 있다.

사이즈 : (사용 시) 54×42×37cm,
(수납 시) 54×42×7.5cm
중량 : 본체 약 4.2kg(전체 4.6kg)

딱 우리가 찾던 테이블

장비 카탈로그

CATALOG

UNIFLAME/ 더치 스크래퍼

남은 잔반이나 눌어붙은 음식물을 설거지 전에 떼어내면 한층 쉽다. 힘이 좋은 스테인리스 일체 성형으로 딱딱한 누룽지도 한번에 OK.

사이즈 : (전장) 165mm
중량 : 60g
재질 : 스테인리스강

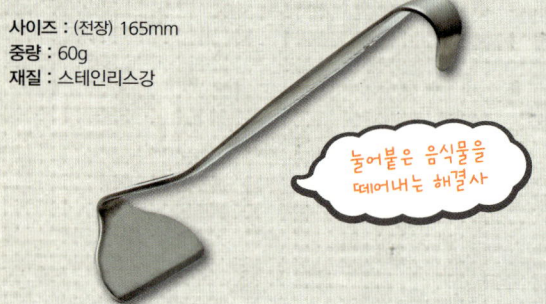

눌어붙은 음식물을 떼어내는 해결사

Edlund 만능 집게 대형(전장 400mm)

식재료나 숯을 안정적으로 집을 수 있는 집게. 두터운 스테인리스 재질이라 견고하고 질감도 매우 우수하다. 간격을 좁힌 상태에서 잠금을 할 수 있어 수납이 편리하다.

사이즈 : (전장) 400mm
재질 : 18-0 스테인리스

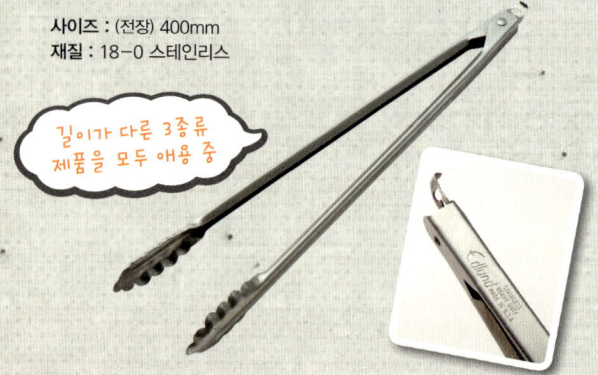

길이가 다른 3종류 제품을 모두 애용 중

KAMENOKO TAWASHI NISHIO SHOTEN/ 수세미 1호

수세미로만 100년 이상 이어온 명가의 제품. 싼 것은 바로 해지거나 털이 빠져버리는데 야자 섬유로 만든 이 제품은 튼튼하고 오래간다.

사이즈 : 80mm×100mm×50mm
재질 : 야자(야자 열매의 섬유)

더치오븐에 세트로 함께해요!

GRIP SWANY/ G-100 파이어 글로브

팔꿈치까지 넉넉하게 올라오는 사이즈라 직화할 때도 안심이다. 사슴 가죽으로 만들어 부드럽고 손끝의 감각이 생생하게 느껴진다. 다른 작업을 할 때도 두루 편리하다.

사이즈 : (손등 둘레) 27cm, (전장) 45cm
중량 : (한쪽) 150g
재질 : (겉) 사슴 가죽, (안) 나일론

숯불 요리에 빼놓을 수 없는 애장품

WEBER 3사이드 그릴 브러시

그릴이나 구이망에 눌어붙은 음식과 그을음을 없애는 와이어 브러시. 폭이 넓어 사용하기 편리하고 삼각 형태라 코너의 좁은 곳까지 깔끔하게 해준다.

사이즈 : (전장) 약 30cm, (브러시 부분) 폭 약 17cm
중량 : 200g
재질 : (브러시 부분) 스테인리스

손에 잡히는 느낌이 좋아 사용하기 편하다

NIKOTAMA OUTDOOR CLUB/ VERSATAILE CAMPING TOTE

캔버스 가방 안에 방수천으로 만든 속 가방이 이중으로 붙어 있다. 쓰레기통으로 만들었지만, 방수천 덕분에 세탁물을 옮기는 데도 편리하다.

사이즈 : 300×430×210mm
재질 : (본체) 면 100%, (안쪽) 방수천 100%

쓰레기 통도 깔끔하고 세련되게

캠핑 요리 철칙

캠핑이나 산, 여행 등 모든 형태의 아웃도어 요리를 두루 섭렵하여 널리 실력을
인정받아온 고스즈메 준지만의 특별한 노하우 4가지를 소개한다.

철칙 1
**여유롭게 즐기고 싶다면!
집에서 밑준비를 해오자**

너무 바빠서 사전에 밑준비를 하는 것이 어렵다면 식재료를 포장지에서 벗겨 정리해오는 것만으로도 좋다. 익숙한 환경의 집 주방에서 최대한 작업을 많이 해두면 쓰레기 분리나 뒤처리 일이 줄어들어 한결 부담 없이 캠핑을 즐길 수 있다.

철칙 2
**중요한 도구는!
가급적 바닥에 놓지 말 것**

도구나 짐이 더러워지거나 젖어 있으면 귀가 후 도구 손질이 더 번거롭다. 벤치에 도구와 짐을 정리해서 놓으면 무엇이 어디에 있는지 한눈에 파악할 수 있다. 불필요한 움직임이 줄어드니 요리도 편리하다.

철칙 3
**도구 선택은!
오래 사용해도 애착이 가는 제품을**

사용하기 편하고 좋은 도구는 사용하면 할수록 그 진가가 드러나고, 손때가 묻어도 오히려 멋스럽다. 손질을 정기적으로 해주면 제품에 따라서는 평생 사용하는 경우도 많다. 도구 선택을 하는 과정에서 주인의 스타일이 드러나기도 한다.

철칙 4
**손쉽게 간단히!
이것이 캠핑 요리의 기본**

요리에만 너무 힘을 쏟아 과욕을 부리면 요리가 캠핑의 전부가 되어버린다. 서로 궁합이 잘 맞는 식재료를 엄선하여 불에 익혀 간단한 레시피로 후다닥 만들도록 하자. 이후에는 화롯불 가에 앉아 느긋하게 시간을 즐길 것.

캠핑 요리의 매력

매번 다른 환경에서 좋은 사람들과 함께 특별한 시간을!

동료나 가족과 왁자지껄 식사를 하면서 화롯가에 둥글게 둘러앉아 있는 시간은 언제나 즐겁다. 일상과 달리 야외에선 오감(시각, 청각, 촉각, 미각, 후각)이 열려 좋은 의미에서 예민해지고 해방된 기분을 만끽할 수 있다. 야외에서 하는 식사가 언제나 맛있게 느껴지는 것은 이처럼 우리 몸의 감각이 활짝 열리기 때문이다. 숯불 요리는 늘 맛있지만 특히 야외에서 마음이 통하는 사람들과 함께 먹으면 그야말로 환상이다.

한편 장작불이나 숯불을 다루는 것이 아이의 뇌에 좋은 자극이 된다는 사실이 과학적으로 증명되었다. 일상적인 공간에서 벗어나 색다른 환경에서 적응하며 놀고 여러 사람과 함께 어울려 식사를 하는 특별한 경험은 어른들이 생각하는 것 이상으로 아이들에게 좋은 자극이 된다. 자연은 아이 어른 할 것 없이 모두에게 좋은 경험과 큰 행복감을 안겨준다.

Kantan nanoni Gouka ni Dekiru! SotoGohan Recipe
ⓒ Gakken Publishing 2014
First published in Japan 2014 by Gakken Publishing Co., Ltd., Tokyo
Korean translation rights arranged with Gakken Publishing Co., Ltd.
through Shinwon Agency Co.
Korean translation copyright ⓒ 2015 by IASO Publishing Co.

이 책의 한국어판 저작권은 신원 에이전시를 통한
Gakken Publishing Co., Ltd.와의 독점 계약으로 도서출판 이아소에 있습니다.
저작권법에 의해 한국 내에서 보호를 받는 저작물이므로
무단전제와 무단복제를 금합니다.

캠핑 가서 뭐 먹지?

초판 1쇄 발행 2015년 6월 10일

감　　수 고스즈메 준지
옮긴이 송수영
펴낸이 명혜정
펴낸곳 도서출판 이아소
디자인 황경성

등록번호 제311-2004-00014호
등록일자 2004년 4월 22일
주소 121-841 서울시 마포구 월드컵북로5나길 18 1012호
전화 (02)337-0446　**팩스** (02)337-0402

책값은 뒤표지에 있습니다.
ISBN 978-89-92131-98-8 13590
CIP제어번호: CIP2015012459

도서출판 이아소는 독자 여러분의 의견을 소중하게 생각합니다.
E-mail : iasobook@gmail.com